U0485868

毅冰◎著

外贸经理人的MBA

中国海关出版社
·北京·

图书在版编目（CIP）数据

外贸经理人的 MBA / 毅冰著. —北京：中国海关出版社，2018. 10

ISBN 978-7-5175-0305-7

Ⅰ. ①外… Ⅱ. ①毅… Ⅲ. ①对外贸易 - 市场营销学 Ⅳ. ①F740. 4

中国版本图书馆 CIP 数据核字（2018）第 217885 号

外贸经理人的 MBA

WAIMAO JINGLIREN DE MBA

作　　者：毅　冰
策划编辑：马　超
责任编辑：叶　芳
责任印制：孙　倩
出版发行：中国海关出版社
社　　址：北京市朝阳区东四环南路甲 1 号　　邮政编码：100023
编 辑 部：01065194242 - 7539（电话）　　01065194234（传真）
发 行 部：01065194221/4238/4246（电话）　　01065194233（传真）
社办书店：01065195616/5127（电话/传真）　　01065194262/63（邮购电话）
印　　刷：北京金康利印刷有限公司　　经　　销：新华书店
开　　本：710mm × 1000mm　1/16
印　　张：14. 25　　字　　数：207 千字
版　　次：2018 年 10 月第 1 版
印　　次：2024 年 5 月第 7 次印刷
书　　号：ISBN　978 - 7 - 5175 - 0305 - 7
定　　价：55. 00 元

自　序

光影里的流年回望

匆匆流逝的，不仅有时光，还有梦想。

曾几何时，我们也曾踌躇满志，对未来充满期许；曾几何时，我们也会黯然神伤，对前途失去信心；曾几何时，我们也想改变现状，对自己有所交代；曾几何时，我们也会俯首低眉，对压力变得顺从。

悲欢离合，潮起潮落，本就是人生的常态，本就是职场的必然。很多东西我们无法逃避，无从选择，只能去接受，或者去抗争，又或者在接受和抗争之间，走出另一条路。

十多年外贸生涯，匆匆来去，可供留恋的东西有多少？可供回忆的东西有多少？或许如电影画面，一幕幕在脑海中自行剪辑，一个个片段自成章节。碰过不少钉子，踩过不少雷，得罪过不少朋友，才遇见真实的自己，这也成了我记忆中最深刻的那一部分。

外贸的路不好走，做管理更难。管理需要“管”，更需要“理”，还需要从全局上去把控和操盘，这与对一线工作人员的要求是截然不同的。或许很多东西只有经历过，才能有切身的体会；或许很多麻烦只有撞上过，才能有真实的感触。所谓的管理能力，所谓的经验技巧，所谓的游刃有余，其真正的来源或许是那些无奈而受挫的过往，是那些伤感而颓丧的经历。

就如陆游的诗“纸上得来终觉浅，绝知此事要躬行”，又如鲁迅先生在小说《故乡》中写的："其实地上本没有路，走的人多了，也便成了路。"

之所以写这本书，一方面是因为如今市场上这一块的内容的确是空白，西方商学院MBA（工商管理硕士）教材的内容，并不能完全在中国外贸企业落地；另一方面也是对我多年外贸管理生涯的一个记录，我希望把自己的感悟和体会，以及从实际管理中得来的经验，分享给大家。

也许在将来的某一刻，你会在书中，在别人的经历和文字中，找到自己的影子。也许在会心一笑的同时，会想到自己的故事而潸然泪下。

我们都在路上，在奔波，在寻找，在追求自己想要的东西；我们会前行，会驻足，会失落，会离开，这是每一个行业的真实写照。

我们不求在外贸行业干一辈子，也不求自己一定是成功的那一个。我们希冀的是，在未来的某一刻回首过往的时候，任岁月侵蚀，任心境变迁，我们依然能在记忆中，寻找到那个最本真的自己。

在清晨，在秋日的斑驳光影和婆娑树荫间，我们澄澈了初心，放弃了浮华；

在梦里，在江南的小桥流水和迷蒙烟雨间，我们凝聚了时光，回望了流年。

毅冰

2018年6月21日于杭州

目 录

第三章
团队架构与标准作业

第四章
角色转变与战略规划

第五章
核心管理与适度参与

第一章

思维悖论与现实难题

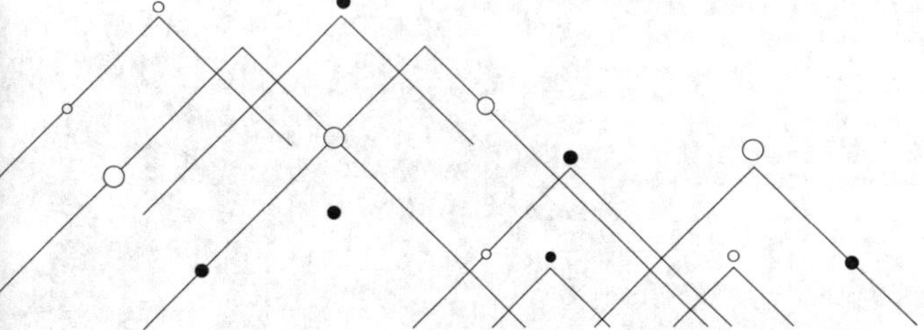

第一节

王牌业务员≠优秀管理者

在外贸行业里，我们会发现，大多数的外贸公司经理、主管，甚至老板本人，都是销售出身，他们眼里最关注的不是“业绩！业绩！业绩！”，就是“客户！客户！客户！”。表面上看一个企业要生存，要发展，要跟同行竞争，要在国际分工中占据一席之地，追求业绩，重视客户，为企业争取利润，何错之有？

这自然是没错，但是思维的局限性太大，格局也过于狭窄。如果一个业务员把业绩和客户时刻放在心里，时刻注意工作的执行，那他绝对是一个称职的业务员；若是他做得相当出色，业绩遥遥领先，客户开发与维护都做得很到位，那他就是王牌业务员。可若是公司的职业经理人，甚至业务部门的决策者也只盯着这两大块，抱歉，我只能给他打 60 分。扣掉的 40 分，我想从以下四个方面谈谈我的看法。

第一个 10 分：追求大分母的同时，是否调整了分子

这个观点貌似不太新颖，在国内外很多 MBA 教材中，都有类似的论述，其核心无非是告诉大家如何服务好客户，如何开展深度合作，如何抓住核心客户云云。读者能理解内容，但是很难有切身体会和代入感，很难将方法直接落地，更不知道如何在外贸企业里执行和运用。既然如此，我就用一个案

例，用奥地利学派的基础经济学理论，来简单分析和支撑一下我的理论。

案例 1-1

老客户的沟通成本与新客户的获取成本

在电商行业，其实很多朋友都已经逐渐发现，新客户的获取，也就是流量的增加，如今已是越来越困难，成本也是越来越昂贵。可能传统行业并没有太多切肤之痛，但是我相信大家可以感受到，从 B2B（企业对企业）渠道、网络渠道、展会渠道获取新客户的费用正在增加，并且竞争都很激烈，这也就意味着成本的增加和效率的降低。

举个例子，假设一个业务团队，有 20 个老客户，有 280 个正在联系的新客户，这也就意味着，现有的老客户占总联系人的 20/300。我们可以用一个简单的经济学模型进行推算。假设在开发过程中，团队的所有时间、精力、金钱等，平均分配到每个客户身上是 1 000 元人民币。那这个团队跟进和服务这 300 个客户的成本就是 1 000x300=300 000 元人民币，这很容易理解。

接下来就是微妙的地方了。假设 20 个老客户给团队带来的总毛利润是 600 000 元人民币。那用总毛利润 / 总服务成本 =600 000/300 000=2 元人民币。这个结果乍一看不错，公司运营情况良好，利润是成本的两倍。可这个公式的问题就在于，我们忽略了新老客户的投入成本和收益是完全不同的。

一个新客户 A，可能是展会认识的，前期沟通了好几个月，给他寄了无数次样品，跟他各种磨合，各种纠结，遇到各种谈判的障碍，纯粹从成本角度计算，可能耗费了 2 000 元人民币才最终拿下。

一个新客户 B，可能与其沟通的过程更加复杂，各种费用更高，耗费了 3 000 元人民币，最终没谈成。

一个老客户 C，只需要与他进行简单沟通，耗费成本几乎是 0，可能就可以开发新项目。

一个老客户 D，可能经过简单的推荐、报价、寄样，耗费成本 500 元人民币，成交量并没有增长。

一个老客户 E，可能跟他见面的时候简单聊起了新产品，对方直接拍板成交，成本为 0，订单金额 20 万美元，利润 15 万元人民币。

……

如果我们再假设多开发一个新客户 F，但没成功，那么，刚才的公式就变成了 600 000 元人民币 /300 300 元人民币，分母增加了，利润降低了。可假设把老客户 E 维护好，这个公式一下子就变成了 750 000 元人民币 /300 000 元人民币，结果是显而易见的。

我们或许会发现，老客户维护的平均业务成本，远低于新客户开发的，而成功率却高很多。这个道理大家都懂，但为什么还有那么多业务主管总是铆足了劲，让业务员开发新客户，铺天盖地推销……我想问，有这个必要吗？你们真的认识到分子和分母的关系了吗？

我们要增加业绩，要追求利润，那么首要任务是调整分子，而不是盲目增加分母。在 X/Y 的公式中，我们要追求的是 X 的增加，超出 Y 增长速度的 X 的增加。这才是一个业务主管和职业经理人需要考虑的问题。

新客户的开发很重要，这能给公司提供新鲜血液，提供新的机会和增长点，自然不可放弃，但是老客户的维护更重要，与老客户之间的深度合作、危机处理、利益共享，才是考验业务主管能力和水平的地方。

我常常说，把现有老客户的业务做大，远强于开发 10 个新客户。维护老客户可以使我们集中精力，让 X/Y 中的分子变大，这胜过分母的盲目增加。

第二个 10 分：效率才是管理的目的

记得很多年前，我刚到香港公司工作那会儿，有学员写了一封很长的邮件给我，详细描述了她在武汉创立的贸易公司的运营情况，她的团队和人才培养机制，她自己在老板、职业经理人、公司核心业务员的角色之间摸爬滚打的过程中的纠结。她想听听我的意见，问我管理的目的究竟是什么？怎样才算是好的管理？

我想了很久，用了差不多两个小时来构思和回复她的邮件，改了几次后又全部删掉，最终回复她两个字：效率。

其实说得再直接一些，就是“优化现有流程，通过效率的提高来降低成本、增加利润，同时砍掉不必要的各种开支”。用大白话来讲，无非就是开源和节流。不管是开源还是节流，管理都是为提高效率而服务的。如果公司运营的某个环节会占用业务员很多时间，但是效果寥寥，没有太大的实际意义，那管理者就应该果断将其取消，或者进行调整、优化。明知问题所在而不去修正、听之任之是管理者的失职。

沃尔玛、亚马逊的成功，在某种程度上是靠以低价和便利来征服大众而实现的。在低价和便利的背后，绝非恶性竞争，绝非以次充好，绝非烧钱圈地，而是通过强大的管理模式和系统化的标准作业来优化流程，从效率提高的大方向上节省费用，从而跟同行竞争。

若是简单用一张图来表示，可能就是图 1–1 这个样子。

结合图 1–1，我们可以从优化流程、降低成本、裁撤冗员、规范作业、制定规则五个方面入手，提升每一个渠道和流程的效率，将其转化为企业的核心价值和实际利润。这就好比集装箱运输，如何提高货物装箱率，如何科学分配和安排每一层货物的摆放，从而最大限度地利用空间，都属于统筹和管理的范畴。

“钱要花在刀刃上”这个道理，管理者几乎都懂，甚至可以讲出一大篇理论来，但具体怎么执行、如何落地、如何针对自身情况设置好“游戏规则”，

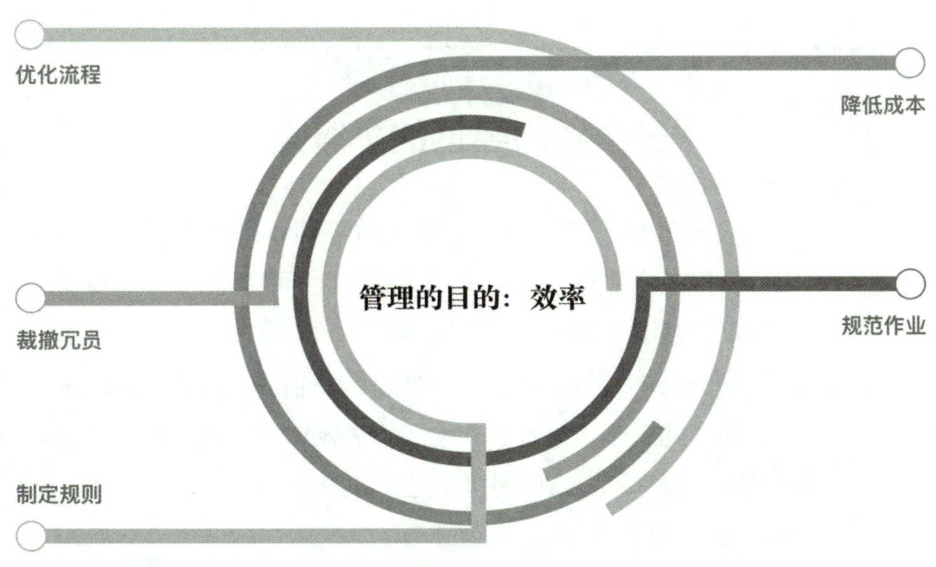

图 1-1 管理的目的：效率（毅冰制图）

往往才是考验经理人的大难题。

第三个 10 分：从销售到管理的格局变化

大多数外贸经理人，或者老板本身都是业务出身，知道如何做好销售、如何跟客户打交道、如何调研市场、如何筛选供应商、如何做海外推广、如何把控渠道……可我们如果带着过去王牌业务员的辉煌历史，用同样的招数来做管理，很容易碰一鼻子灰。

这是根深蒂固的惯性思维使然。我做业务员的时候，认为财务部门跟我们业务部门是死对头。业务部门要钱、要人、要预算，财务部门卡钱、卡人、卡预算。这不是因为部门间有私仇，而是因为大家的工作职责本身不同，请看案例 1–2。

案例 1-2

三个部门经理的小算盘

业务经理：预算越多越好，业务经费充足，开发客户自然容易。可以给客户免样品费、免快递费，提供优厚的付款方式；业务员随时可以参加各类展会，可以拜访客户……这样成交概率自然大大提高，有钱好办事。至于人员，当然是越多越好，很多跟单、询价、品管、助理的工作，都可以交给手下去做，哪怕天天乱发开发信，偶尔也能捕到鱼，蚂蚁兵团总比无人可用好……

人事经理：人越招越多，那就是我的无能了，人员肯定要有进有出。给合适的人配置合适的岗位，给公司节约人力资源成本，优化人才配置才是人事部门的价值和意义所在。当然，我们自然也有小心机，要是公司一切稳定，没人辞职，也没什么人需要招聘，那我们估计也要找下家了……

财务经理：业务部门干什么吃的？花钱像流水一样。这个不能批，那个要砍掉，这个必须要大老板确认。人事部门干什么吃的？怎么老有一大堆乱七八糟的人来面试？不行，人员薪酬预算太高，必须减少，重新做方案。今年的预算（budget）起码要比去年降低5%，我在大老板面前才能挺直腰杆……

很多问题根本就没有争论的意义，不同立场、不同角色，决定了不同的思维方式和工作职责。我要说的是，作为主管，要全盘考虑问题，从管理角度出发，而不是一味地根据过往的经验，全力支持这个部门，鄙视那个部门。让各个部门在有限的预算内，发挥最大的能动性，把效率提高到极致，才是管理者需要做的。

业务员从销售岗位晋升到管理岗位，不仅工作方式要改变，思想意识更需要改造。

第四个 10 分：从薪酬架构到激励制度的完善

坦白地说，大多数人在公司工作，无非有两个目的：一是职业的满足感和兴趣，二是收入的获得和增长。要是再说得直接一点，就是“开心”和“金钱”。大家出来工作，或许是为了理想、为了追求、为了情怀、为了希望，但不可否认的是，经济上的激励和制度上的完善绝对是刺激一个人积极向上、全力以赴的动力，甚至是最大的动力。

日复一日不知疲惫地自主工作的这种主动性往往不是天生就有的，是需要一些东西去刺激、去激励才会产生的。有人爱钱，有人爱权，有人喜欢钻研一些东西，那就需要管理者知人善任。只有对不同的人采用不同的激励手段，才能最大限度地激发每个人的潜能，而不是幻想仅仅依靠理想化的口号，就能凝聚一大堆人给你干活、为你拼命。

案例 1-3

高薪也无法留住人的困惑

我有个朋友曾经有这样的困惑：自己给的薪水不低，给的提成也不少，甚至在同行中还是偏高的那一个，招来的人能力也还行，公司对员工的培养也不差，可为什么就是留不住人呢？别人给 6 000 元人民币的底薪，我给 7 500 元人民币，为什么还是留不住人？

我大致了解了一下他的公司的人员构成和薪酬制度，基本明白了原因所在。不是他给的薪水低，而是他的薪酬架构不科学。他粗暴地采用底薪加提成的架构，时间一长，大家都能推算出自己的收入，就会产生惰性，出现混日子的情况。

说难听点，人都有“既得利益”的心理，也有“应该如此”的心态。一个员工刚入职的时候，高于同行的薪水一定能让他满足和高兴。接下来呢？时间一长，他就会觉得这是理所当然的，没什么特别。这个时候，他会因为既得利益，而对自己的职业规划有更高的要求。如果没有一个好的激励制度，让他看到未来发展的前景，或许他就会有别的想法。

所以薪水的高低，其实是相对的。大多数外贸企业都是传统企业，不是互联网公司，无法给出远远高于同行的薪水。这是现实。所以各个公司在薪水上的差异是极其有限的。哪怕薪水不错，一段时间以后，根据边际效用递减规律，员工的积极性也会大大下降。没有一套科学的制度，是无法一直让人保持新鲜感和激情的。

高薪不一定就可以留住人。有一套科学的薪酬架构和激励制度，能让员工看到更多的东西，看到希望、看到机会，他们才会为了目标而一次次地去努力，去达成各种预期。

在奥地利经济学派的理论中，有一个很有意思的小故事，叫“最后一块巧克力”。大致是说，你吃第一块巧克力时觉得很美味，味道无与伦比；吃第二块巧克力时觉得还不错，依然好吃；当第三块、第四块、第五块吃下去时，你或许就开始觉得一般般、马马虎虎；等吃到最后一块，你已经开始反胃，觉得又甜、又腻、又难吃。这是The Law of Diminishing Marginal Utility，翻译成中文就是“边际效用递减规律”。

这个法则可以用来解释薪酬问题。要让员工保持新鲜感，保持对于未来的期望，就要在激励制度上、在模式上下功夫。更重要的是，这种架构和体系，要根据不同的时期，根据公司的发展情况，来不断调整和改进。这是一个动态的过程，不能静态地固守。

若是没有科学的薪酬架构和完善的激励制度，工作就会像最后一块巧克力那样，变得理所当然，变得索然无味，那么员工的离开或许就成了一种必然。

关于薪酬架构和激励制度的内容，我会在本书的第二章进行详细的阐述和分析。

一个优秀的管理者，绝对不是有王牌业务员的资历就能胜任的，还要具备很多其他的要素。在这个进阶的过程中，大家还有很长的路要走，有很多东西要学。

第二节
你真的懂营销吗?

在国内，marketing 一词比较准确的翻译是“营销”（台湾地区翻译成“行销”）。这一点，相信大家都不陌生。严格意义上来说，marketing 和我们常规理解的 sales 是不同的，前者是“营销”，后者是“销售”。

写到这里，我想问大家一句：你平时做的是营销？还是销售？

你真的知道这其中的差异吗？还是仅仅对这两个词有那么点感觉？

营销需要通盘考虑

如果你做的是营销，那么恭喜你！你的职业格局和实际工作已经跨入了“管理”的门槛。如果你做的是销售，也不用气馁，它本身就是营销的重要组成部分，同样重要。营销是由多个要素构成的，销售只是其中的一个环节，除此之外，营销还跟产品、价格、渠道、服务、计划、布局等有关。

若是用信息图来表示，可能就是图 1-2 这样。

从图中可以看出，销售只是营销的一部分。营销其实涉及方方面面，并非销售那么简单。除了图中的四大基本要素外，marketing 还有很多辅助的要素，它们也同样重要。如果用一句话来表述就是：

你是做市场？还是在卖货？

前者是营销，后者是销售。

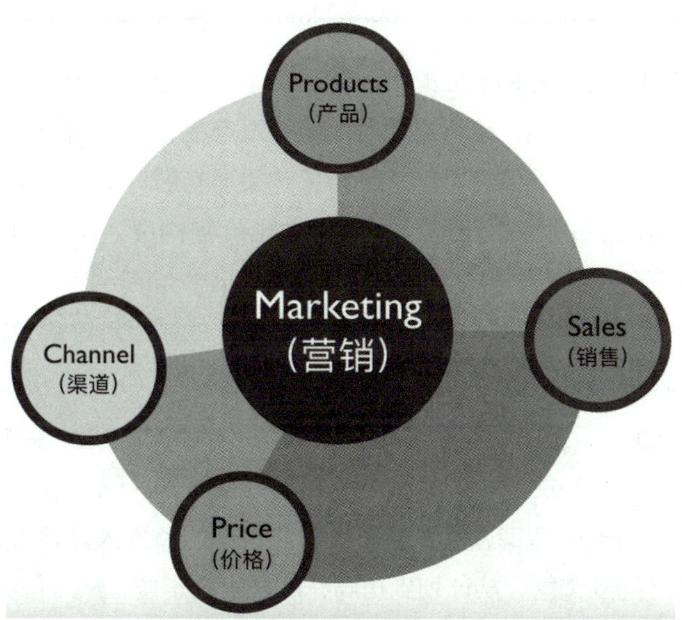

图 1-2　营销的四大基本要素（毅冰制图）

其实分工不同、定位不同，相对应的工作内容也会完全不同。在其位，谋其职，不同的工作，需要采用不同的方法执行。

我们先来看一个案例，看看在具体的项目中，营销的角色定位以及相应的工作内容，究竟是什么样的。

案例 1-4

婴儿推车的营销方案

假设某个公司成立了一个部门或者分公司，准备做婴儿推车的出口业务。它具体会怎么做呢？

该公司可能会招聘一个营销总监，负责招聘和组建团队。然后，根据公司的情况以及这位管理人员的经验和能力，对国内外主要的同类竞争者和相应的产品做研究，进行行业细分，同时研究自身的产品和卖点。接下来思考如何开发产品，了解目标市场的法律法规和测试标准情况，了解上游采购渠道有哪些。与此同时，制定预算和相应的推广计划，计算成本和价格构成，设置相应的激励和关键业绩指标（Key Performance Indicator，KPI）考核制度，针对不同的区域市场制订不同的销售方案。紧接着，对比瑞凯威（Recaro）、英吉利那（Inglesina）、酷尼（Quinny）、思多嘉儿（Stokke）、宝得适（Britax）、宝奇（Chicco）、银十字（Silver Cross）、玛格罗兰（Maclaren）等国际大品牌，进行差异化研究……

这些是一个营销总监，甚至公司业务部门负责人需要考虑的问题。从产品到销售，从计划到布局，从调研到定位，从入行到深入，管理人员都需要有全方位的考虑。

把这些内容进行基本的梳理，大致提炼出来几个要素，以思维导图的形式，简单做一个鱼骨图，往往在理解上可以更加直观。

请看图 1–3：

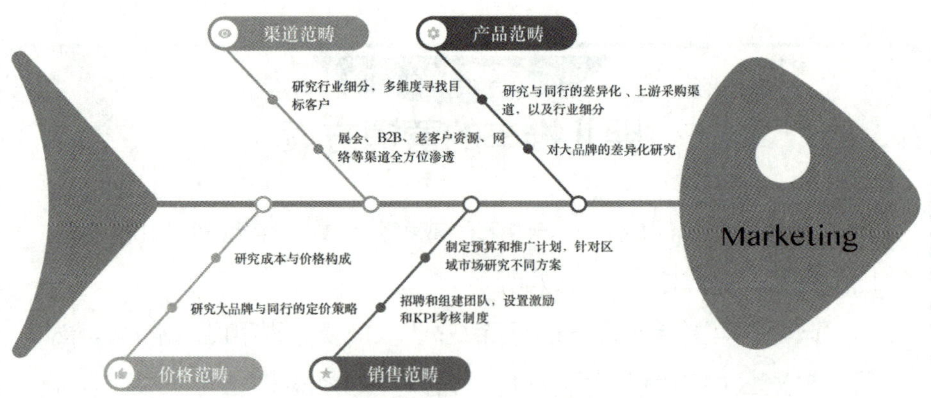

图 1–3　婴儿推车项目鱼骨图（毅冰制图）

从渠道范畴、产品范畴、价格范畴、销售范畴和其他相关问题入手，全方位谋划和布局，才是营销的真谛。可以毫不客气地说，这是个技术活，不是谁都能做的，也不是谁都有能耐做的。

销售的初阶水平与高阶技能

你可以将销售理解为简单的“卖货”。在案例 1–4 中，如果公司有产品、有相应的报价单、有相应的测试报告和证书、有图片、有资料，相关人员准备好开发信去推广，通过展会、B2B 或者其他渠道接到询盘后去回复，在客户有疑问的时候去沟通，在客户有需要的时候去准备样品或者操作订单等，这就是销售。

销售用一句话来表述，就是把产品卖给客户。

前后一比较，高下立判。我不是在说营销多好，销售多无用，不是这个意思。每个角色自然有每个角色必须要做的工作，在外贸的各个环节中，在一个企业里，一环扣一环，每个人都要承担自己的职责，全力以赴地做好自己的工作。

管理者重要，员工同样重要。上下一心、管理出色、执行有力，才是一个企业最理想的状态，也是其最有竞争力的时刻。

是否做销售就只能担任底层职位呢？销售人员是不是只需要根据公司提供的资源和产品给客户报价、争取订单，就可以呢？

也不见得。

销售本身其实就是跟潜在客户做需求探讨，寻找合作机会。所以销售这件事情，是需要跟人打交道的。你用邮件也好，电话也好，其他沟通软件也好，终究是通过人与人之间的沟通，来决定谈判的进展，来决定机会的有无。既然如此，在不同的人之间就一定有技巧的差别，有能力的差别，有实力的差别，有经验的差别……

换言之，月薪 5 000 元的业务员跟月薪 30 000 元的业务员，能是一回事吗？能毫无差别吗？

我们不能简单粗暴地认为，平台不同、资源不同、运气不同，结果就不同。那等于是把所有的一切都推给客观因素，显然是站不住脚的。初阶业务员跟高阶业务员的差距，不仅是工作年限的长短那么简单。

案例 1-5

客服式的初阶业务员

客户：你们有婴儿推车吗？发一些报价单和资料给我看看。

业务员 A：你们面向哪些市场？需要什么样的推车？伞车？折叠车？还是家庭用的豪华型推车？

客户：我们在美国和加拿大有 3 500 家门店。我们需要找寻婴儿推车的供应商，款式类似于 Silver Cross 的伞车，价格需要有很大的竞争力，我们要做自有品牌。

业务员 A：你有相关的图片吗？麻烦把具体的要求告诉我。如果有样品的话，我们的核算会更加准确。还有，大致数量是多少？我这边要有具体数量才能核算详细的价格。

客户：……

大家可以对号入座。是不是大多数的业务员，都是这样谈判和沟通的？客户一询价，就要求客户提供详细的资料，然后才能给出准确的报价。

这个思路没有错，但是过于死板，也没有任何技巧。客户把所有的资料都提供了，从图片、细节到数量甚至样品，试问，这个业务员起了什么作用？跟同行相比有什么优势？仅仅是把客户的要求转达给公司，然后把公司的回复转达给客户？既然客户什么资料都有，就说明目标已经很明确了，那直接找工厂拼价格就行了，不是吗？

这不是客服式的业务员是什么？显然，这就是我们认知中的最初级的

sales 人员。

案例 1-6

专业细腻的高阶业务员

客户：你们有婴儿推车吗？发一些报价单和资料给我看看。

业务员 B：当然，我们公司做婴儿推车已经有 13 年了，非常专业，我们主要的市场是美国、德国、意大利、法国、英国，也面向其他一些国家和地区销售。目前我们主要给几个意大利品牌代工，也给其他欧洲进口商和美国超市供货，自有品牌和客户品牌都在做。

客户：我们在美国和加拿大有 3 500 家门店。我们需要找寻婴儿推车的供应商，款式类似于 Silver Cross 的伞车，价格需要有很大的竞争力，我们要做自有品牌。

业务员 B：绝对没问题。我会发一些我们现有的伞车款式给你看一下，有两款跟 Silver Cross 的伞车比较接近，还有一款伞车性价比很高，是给 Maclaren 代工的，请查收一下邮件。

客户：好的，我回头去看一下。

业务员 B：另外，我们还有一些旅行用的轻便折叠推车，可以直接带上飞机，无须托运，比较适合家庭旅行，这两年的订单增长也很快，许多美国客户很感兴趣。如果你不介意的话，这些款式我也发给你看一下，报价单和电子样本也一起发给你参考。

客户：可以，谢谢。你们产品的品质怎么样？有没有相应的测试报告？

业务员 B：当然有。我们达到了欧洲手推车产品标准 EN1888：2012 和美国婴儿手推车标准 ASTM F833 的要求，安全性绝对没问题。回头我一并把天祥集团（Intertek）香港分公司给我们出具的测试报告发给你。铅、铬、多环芳烃、邻苯二甲酸盐之类的化学物质，我们也达到了欧盟和美国的安全标准。还有，我们的工厂通过了倡议商界遵守社会责任组织（BSCI）验厂，而且反恐方面也完全可以达到美国大客户的要求。

客户：太好了，这些测试报告之类的相关资料都发我一下。

业务员 B：没问题。因为相关资料比较多，我会分成几封邮件，跟报价单一起发给你。如果有什么疑问，可以随时联系我。样品方面我们也没有问题，随时都可以给你准备。

同样的客户，不同的业务员，带来的结果或许是截然不同的。如果对以上案例做一个简单剖析，这个业务员 B 大致有以下特质：

- 了解公司现有客户群；
- 知道如何展示公司的优势、特点；
- 对产品很了解，知道大品牌及其产品的特质；
- 会审题，清楚如何针对客户的需求给出答复；
- 能推荐，知道如何根据客户的市场推荐其他产品；
- 对欧洲和美国的测试标准很熟悉，明白如何打动客户；
- 会用验厂报告来佐证工厂的专业性和能力；
- 能巧妙用样品作为切入点，引起客户兴趣。

这些还不包括谈判和沟通过程中的一些“潜台词”。这些特质会有意无意地让客户觉得，这个销售人员不错，很专业、很细腻，各方面把握得都很好，说的东西都在点子上，节奏也非常合适。

对于这一类业务员来说，如果各方面条件都契合，谈判进展往往就会很顺利，聊到样品、价格、付款方式基本是顺理成章的事情。相比较而言，其成功的概率一定比客服式业务员要大许多。

这就是水平的差距所在。“做销售门槛不高”是针对初级阶段的业务员而言的。要精益求精，要在同行中脱颖而出，就必须把初阶水平提升为高阶技能，如图 1–4 所示。

图 1-4 销售的高阶技能（毅冰制图）

如何跟人打交道，如何第一时间征服客户，如何给对方留下好印象，如何多维度展示专业和特点，如何让客户在众多供应商里对你另眼相看……这一切的一切，是销售人员从初阶向高阶进军的必经之路。学无止境，任重而道远。

公式设定：营销 = 经营 + 销售

我们再回到营销，继续探讨有关内容。

如前面所述，销售只是营销的一部分，真正的营销是需要通盘考虑的，除了销售以外，还有方方面面的事情要准备、要思考、要执行。

业务员，也就是在销售过程中，从客户那里获取第一手资料的人，会将信息反馈到公司层面，让团队和主管了解客户需求。主管和业务员在平时的深度沟通和协作中，会总结需求的共性和差异，然后把过去模糊的定位弄清晰，再辅以各种推广方案、营销策略、渠道渗透、价格支持、提成激励等措施，来全方位地开展团队化、规模化、效率化的运营，而不是让业务员单打独斗。

营销这个词可以拆解为“经营”和“销售”（如图 1–5）。后者要面对客户，前者要通盘考虑；后者要具体执行，前者要幕后策划。

用公式来表示就是：

营销（Marketing）= 经营（Operating）+ 销售（Sales）

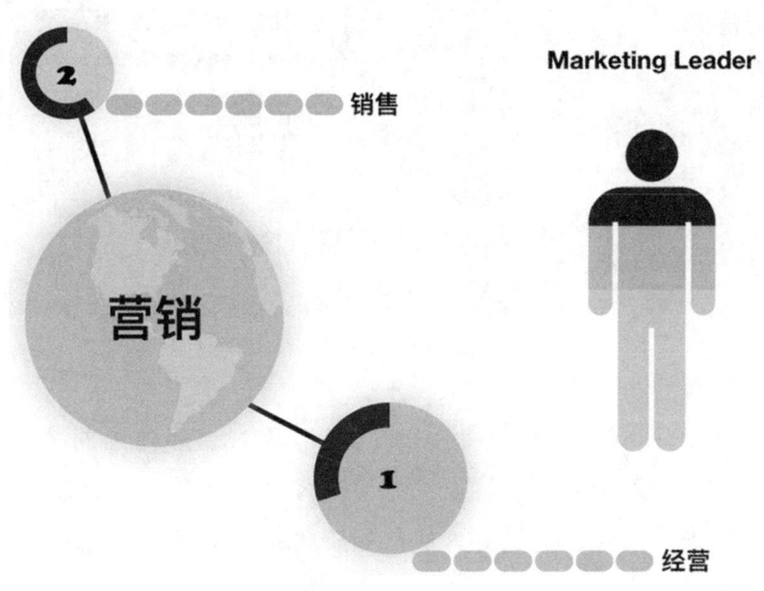

图 1–5 营销公式拆解（毅冰制图）

你如果是一个业务主管，就要想清楚和弄明白自己的角色和工作职责。看看你平时究竟更偏向于后者还是前者，还是两者并重。

一个出色的主管甚至高管，是需要凝聚团队、调动资源、全方位谋划和布局的。“三军易得，一将难求”，这个“将”在商场上，就是负责营销的人。

第三节

“大而强”不是唯一的方向

情境对话：

[时间：某年某月某日；地点：上海；人物：毅冰，某外贸公司老板 Eric（埃里克）]

……（省略前面的对话内容）

毅冰：所以，你选的产品是太阳能灯？

Eric：没错。因为我做这个产品 10 多年了，有一些客户资源，供应商里也有不少老熟人。

毅冰：那你的模式是什么呢？准备如何实现差异化？怎么定位你的产品？

Eric：当然是走品牌化路线。一开始肯定是给客户贴牌，接下来要慢慢做自己的品牌，打开国际市场，找老客户帮忙，两条线并行。

毅冰：再接下来呢？

Eric：那就要做大做强。比如订单多了，就扩充团队；规模再大一点，就自己开工厂；规模要是再大一点，就走大品牌路线，代理、加盟。到时候有很多渠道可以开发，很多事情可以做，甚至上市。

……

这是多年前，我跟一个外贸初创企业老板的聊天内容。我仅截取了部分对话，来引出这一节我想要讲的东西。

我相信很多正在创业、准备创业，或者正在管理团队的朋友，多多少少都会有这样的思维，就是我在对话中用波浪线标出的四个字：做大做强。

很多人在创业之初，就已经被这个思想洗脑，觉得要么不做，要做就一定要做大做强。

当老板的很容易把做大做强当成公司的核心战略，所有的工作目标都往这个战略上靠。我们试想一下，结果会怎样？可能会出现如图 1-6 的一种或者几种情况。

图 1-6　做大做强背后的空心化现实（毅冰制图）

我相信，“大订单拿不下，小订单看不上”的问题大家并不是第一次碰到。

很多人可能会说，做生意要“有所为，有所不为”，我想集中精力接大单，不想把无谓的精力分散在一些小单、散单、零碎订单上，我有错吗？

对于这个问题，我相信大家会有自己的看法，立场和角色的不同，会使我们采取不同的处理方式。我想谈谈我的理解，我会从三个角度来分析这种情况，以及如何处理和应对这样的悖论。

实力决定一切

在外贸行业里，很多时候的确会出现“门不当户不对”的情况。小贸易公司可能拿下大订单，小工厂可能拿下大买家的大项目，一切都有可能。我们也听过很多成功的案例，在羡慕之余，也会不由地感慨自己的机遇不佳。于是，很多人就开始头脑发热，眼光越来越高，自我膨胀，不愿意脚踏实地去做事，只想着一夜暴富。

我想说的是，在大部分情况下，还是“实力决定一切”的。你的产品、你的价格、你的市场定位、你的沟通方式、你的服务、你的售后、你的供应链等，决定了合作的结果。一个公司的盈利或亏损状况，其实基本上还是跟它的实力相挂钩的，相关度可能多一点，可能少一点，但大体是在一个合理的误差范围内的。我们姑且把这个值设定为20%。

一个外贸企业，假设其真实的水平是一年的销售额1 000万美元（这个数字会有小范围的波动）。也就是说，如果该企业运气好一些，销售额可以达到1 200万美元；如果它运气差一些，销售额或许只有800万美元。

那有没有可能，一个销售额1 000万美元的公司，某一年突然订单暴增，销售额达到了3 000万美元？其实是有可能的。比如突然接到几个高质量的大买家的订单，老客户业绩暴涨，或者市场突然产生变化，过去的某款产品在海外变成“爆款”，导致订单暴增。

在实际工作中，这样的企业会暴露出很多问题。为什么？因为你之前的人员和团队配置，是做 1 000 万美元订单的水平。你突然让这批人去做 3 000 万美元的订单，他们投入的时间、精力需要大幅增加，出错的概率同样会几何级地增加。这样一来，很多订单会出问题，很多客户会投诉，很多项目会流产，很多现有的订单会被搞砸……种种因素累积起来，到了第三年，你公司的发展或许就会出现一个大滑坡。

这个时候，业绩的增长让管理层开始自信心膨胀，盲目扩张团队，良莠不齐的人进入公司，过去稳定的企业基因遭到破坏，团队甚至开始产生矛盾。这些对公司的打击是致命的。

所以，企业的发展要遵循自然的法则。跨阶梯前进不是不可以，但是要完成内在的实力提升，从团队到能力，从经验到技巧，都要有长足的进步，企业才可以经得住更大的考验、更多的风雨。

若是在实力一般的情况下，硬去拼大项目、抢大订单，反而容易碰得头破血流。蛇吞象也要讲究合适的机会，要在某个特定的情形下才能完成。否则，一不小心就会伤到自己。

机会大多数不会送上门

喜欢做大项目，没有错；喜欢抢大订单，也没错。错就错在，错误地估计了形势，也错误地估算了自己的实力。

很多人羡慕别人的成果，心想这家伙运气真好，居然拿下了这几个大客户。这些人往往忽略了一个事实，别人或许不是运气好，或许真的是实力所在，在某种情况和机遇下，才产生了这样的结果。我们自古就有“文人相轻”的说法，其实在商场上，我们也往往不愿意承认自己的能力缺失，总喜欢把别人的成就归功于“运气”和“机会”，给自己的失败或者平庸找借口。

说实话，机会是重要，但是如果你没有扎实的功底，没有足够的能力，哪怕机会送上门，你也抓不住。更何况，机会大多数不会送上门，是需要自己去争取，甚至去创造的。

大客户关于沙发的询盘为什么会发给你？你认为自己公司的沙发不错，但是客户知道吗？或许不知道。哪怕知道，客户也还有很多别的选择，为什么要把机会给你？这才是大家需要去思考的问题，也是我下面要讲的第三点——用诚意赢得尊重。

用诚意赢得尊重

大多数时候，我们是无法判断一个客户的潜力的。一个大客户，或许给你的是散单，每笔几百、几千美元；一个小客户，或许给你的是他 30% 的订单，金额达几万美元。这两者孰轻孰重？你应该重点抓哪个？

如果你回答抓前者，我告诉你，错；如果你回答抓后者，我告诉你，不好意思，还是错。

真正的答案是：未知。因为我们看到的是现在，无法预测未来。只要你一猜，就容易被主观思维所引导，继续犯“做大做强”的错误，把时间、精力吊死在个别客户身上，失去大片“森林”。

大部分外贸企业与核心客户、大客户，往往都是从小单、从试单开始合作的。双方经历了无数的磨合、斗争、谈判，才一步步把生意做稳。

这是不是有点像夫妻之间、情侣之间的相处之道？其实就是在现实中，双方共同努力，去磨合差异，去接受和理解对方，用诚意来赢得尊重，赢得机会，实现共赢。

万丈高楼平地起。全力争取每一个机会，经营好每一个客户，不抛弃小客户，不嫌弃小项目，你才有机会通过长期的历练，通过跟客户积累交情，通过具体订单的实力展示，来赢得客户的信任和尊重，从而获得更多的机会和订单。这才是企业发展正确的方向。

很多朋友总想“一夜暴富”，期望回复个询盘就能来个大订单把自己砸晕，这是不现实的，概率跟中彩票差不多。做外贸，如果把所有的希望都放在虚无缥缈的运气上，恐怕会做得很痛苦，甚至做不下去。

或许，这一条也适用于其他行业。需要仰望星空，还需要脚踏实地。

我们再来看几个真实存在，甚至频繁出现的案例，给本节做一个注脚。大家也可以对号入座，看看自己平时是否也总被“做大做强”的思维惯性引导，犯这类经验主义的错误。

案例 1-7

订单是这样谈丢的

（1）销售总监：小李子，你这个客户的询盘太少了，才 1 000 个，我们的起订量都 5 000 个了。价格就别报了吧，这种小客户没有合作的必要。

业务员小李子：……

（2）销售总监：小安子，这是什么烂客户？不到 3 000 美元的订单还来讨价还价，我接他的单就不错了。你让他按前 T/T（发货前付清货款），否则这单就别接了。

业务员小安子：……

（3）销售总监：小顺子，你这个客户都询价六七次了，从来都没下过订单，他难道不知道我们很忙吗？以后这种客户，你就别让我核价了，我很忙，一天到晚处理这种乱七八糟的事情，我还谈不谈大客户了？

业务员小顺子：……

如果你是销售总监，你是否会经常这样回复你的员工？是否会这样随意地处理业务？

如果你是业务员，你是否经常碰到这样的上司？是否很多时候觉得无奈和无力？

很多机会、很多项目、很多费尽心思争取来的可能性，或许就这样被轻易破坏，怎能不让人难受？许多机会擦肩而过，许多订单谈丢，往往都是因为这种处理问题的思路和方式。说难听点，你又怎么知道你失去的这个客户，未来不会是你人生中的贵人，成为你最大的客户和主要的利润来源呢？你又怎么知道，你今天鄙视的一个小询盘，会不会使你错过未来的一个亿呢？

我们可以反向思考，同样的上述案例，同样的几个场景，如果我们换一种思路，换一种方式，是不是会有不同的结果？

案例 1-8

订单是这样谈成的

（1）销售总监：小李子，你这个客户的询盘太少了，才 1 000 个，我们的起订量都 5 000 个了。

业务员小李子：总监，那怎么办？要不要让客户把数量加到 5 000 个？

销售总监：不用。我们可以做梯度报价，数量为 1 000 个、5 000 个和 10 000 个分别对应三种价格。数量为 1 000 个的单价，一定要高于我们 5 000 个起订量的价格。

业务员小李子：那客户要是坚持订 1 000 个，但是要我们维持 5 000 个的价格怎么办？

销售总监：无所谓，本来就没打算第一单就赚他钱。第一单只是为了让彼此了解和磨合，微利甚至无利都没问题，略亏也可以接受，就当请客户吃饭了。只要第一单合作顺利，你还怕以后没有继续合作的机会吗？

（2）销售总监：小安子，你这个客户的订单不大，但是砍价水平一流。不到 3 000 美元的订单，他已经磨了好几轮价格了。

业务员小安子：是啊！总监，量太小了！如果按照常规方式付款——定金加余款见提单复印件，我们银行手续费要扣两次。要不我跟客户谈谈，做前 T/T 吧？

销售总监：千万不要。这能省几块钱手续费？撑死了几十美元而已。为了一点小钱，失去宝贵的合作机会，或者让客户不舒服，完全不值当。如今的订单虽小，谁知道未来的可能性会有多大呢？先合作起来才是正道。你想想，这么小的订单，客户还一直磨价格，大多数同行都会不耐烦，这时候如果我们用专业的服务去对待他，结果可能就是另一番光景。

业务员小安子：好的，总监。

（3）销售总监：小顺子，你这个客户虽然没下过单，但是六七次询价下来，感觉意向还是有的，你怎么看？

业务员小顺子：总监，我觉得这个客户不怎么靠谱，他从来都是只打雷不下雨。要不我们先放放，先跟进其他客户吧。

销售总监：客户的时间都很宝贵，没人会在你身上浪费时间，一次次给你发邮件要求报价。我感觉，之前他没有下单，或许是因为我们的价格不够好，他有更好的选择，但是价格差距也不是太大，所以一直没有让我们出局，有新项目还会来询价。又或许是因为他也没有拿下项目，项目最终被搁置或者取消，所以他还是想给我们机会。这次你直接报一下最低价，我把我们可以做的最低的价格重新核算一下给你，你报价试试看。另外，付款方式也给他提供最便捷的，告诉他我们可以接受 30 天远期信用证。你看看客户怎么回复，能不能再推进一下。

业务员小顺子：明白，我马上跟客户沟通。

我们可以对照着去思考，不同的思维方式，不同的谈判策略，是不是会产生不一样的结果？我们用“做大做强”的思维去工作，往往就不能脚踏实地，就会忽略很多细节，忽视很多机会，失去很多宝贵的资源，也失去了大量潜在客户的信任和尊重。

回归初心，以客户为导向，以人为本，服务好每一个客户，让他们喜欢你、信任你，然后大家一起把生意做好，相互支持，相互配合，这才应该是外贸人最基本的方向。不是吗？

《荀子・劝学》中说：“积土成山，风雨兴焉；积水成渊，蛟龙生焉；积善成德，而神明自得，圣心备焉。故不积跬步，无以至千里；不积小流，无以成江海。骐骥一跃，不能十步；驽马十驾，功在不舍。锲而舍之，朽木不折；锲而不舍，金石可镂。”不就告诉我们，一切的一切都重在积累，不能好高骛远吗？

万丈高楼平地起，无边大海百川融。

我们应该时刻警惕自我膨胀，警惕思维误区。

第四节

或许你一开始就错了

许多主管、业务员其实平时都很忙。哦不，是看起来都很忙，忙得焦头烂额。

比如打个电话跟吵架似的，几句话就要挂断；比如办公桌上弄得跟鬼子进村似的，不翻个底朝天根本找不到文件；比如邮件堆积如山，哪怕每天工作到凌晨，也不能全部处理好；比如认为团队不给力，自己累死累活、压力山大……

他们的工作真的很忙吗？他们真的满负荷运转吗？有可能。这种情况，其实就需要找人协助，找团队支持。让合适的人做合适的事，有专业分工，才能产生 1+1>2 的效果。

在一个科学的团队里，每个人应该各司其职，发挥自己应有的作用，做好自己的工作。有的人对很多事情不放心、不放手，什么都要过问，什么都要参与，自己累，别人也累。特别是主管，对于下属的工作过多干涉，过多参与，过多纠结，会影响工作的效率和公司的利益。

从民企到外企，多年的管理经历给我最大的感触是：“抓住一切，往往容易失去一切”。这就好比手中的流沙，你抓得越紧，反而流走得越多。

一个团队管理的万能公式

虽然在大多数情况下，外贸行业的管理模式跟其他行业略有不同，但是在思维和团队架构上，它们还是有相通的地方的。外贸管理者可以参照一个重要的公式，这个公式在我看来可以算是团队管理的万能公式：

团队管理＝标准作业流程（SOP）＋关键绩效指标（KPI）＋激励制度（IMM）

可以用图 1–7 来表示：

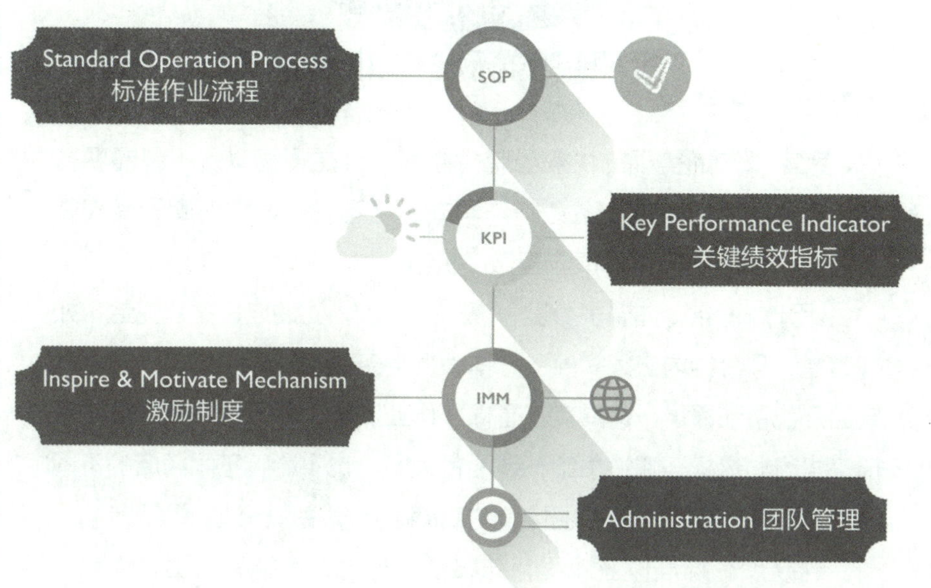

图 1–7 团队管理万能公式（毅冰制图）

标准作业流程（Standard Operation Process）

我相信，在一个团队里，会有很多出色的员工，他们有自己的思路和想法，能提出很多好的建议。但是我们不能把一个企业的成功，一个团队的成功，都寄托在员工的个人能力上。这就好比我们把发财的希望寄托在买彩票中奖上，而不是自身努力上一样，是很可笑的。我不是说这样做绝对不能成功，而是从概率角度而言，这种方法成功的可能性实在低得可怜。

这就需要引入标准作业流程，让团队成员知道，如何按照公司制定的手册，一步步来完成日常工作。团队成员未必能有特别出色的想法，或者特别亮眼的解决问题的方式，但是这种方法起码可以尽可能地降低他们出错的概率，尤其是出大错的可能性。越是大公司、跨国公司，越是注重标准作业流程（Standard Operation Process），不求有功，先求无过，维护好公司在客户面前的形象。

案例 1-9

肯德基的标准作业流程

大家都知道美国的快餐品牌肯德基，但是肯德基是不是需要各种优秀的厨师给大家炸薯条、炸鸡翅、烤蛋挞、做汉堡呢？其实并不需要，因为他们把各项流程做了拆解。

比如炸薯条，油温多少度，烹炸多少秒，滤油之后撒几克盐，如何装盒，几分钟内必须卖掉，怎样根据薯条的小包、中包、大包来确定给几包番茄酱……这其实就是标准作业流程，要求一切按照公司手册来执行。这样，哪怕员工不是西餐大厨，也不影响不同门店的不同员工炸出来的薯条，都是很接近的口感，品质基本一致。

若是没有标准作业流程，结果会怎样呢？可能老员工，手艺不错的西厨，可以把薯条做得超级好吃；新员工，或者手艺一般的厨师，可能薯条炸得太硬或者太软，又或者一不小心失手，炸焦了。这样一来，如何让顾客信任肯德基这个品牌？这才是大问题。公司越大，就越需要标准作业流程来控制品质，来对外呈现品质一致的产品。

任何员工入职后经过简单的培训都可以上岗，都可以做出十分接近的产品。这种方法可以迅速复制，迅速铺开。这就是肯德基成功的秘诀之一。

关键绩效指标（Key Performance Indicator）

从字面上看，KPI 是 Key Performance Indicator 的首字母缩写组合，翻译过来就是“关键绩效指标”。在外贸行业里，一个员工的工作情况如何，不能仅从表面上看他有没有迟到早退、工作效率如何、有没有加班、够不够勤奋之类的，因为很多东西是需要量化的。

比如业务员，可以考核他的订单数量和金额，新客户的开发量和转化率；新客户的样品寄出数量；参加展会的情况和效果；老客户的返单比例；季度利润、总利润……那跟单员、采购员、单证员呢？如果没有相应的量化指标来衡量员工的工作情况，我们如何给予不同的员工差异化的激励呢？如果做得差的员工待遇跟做得好的员工一样，就会给公司带来负担，对于工作出色的员工，显然也是不公平的。

所以我们常常把对 KPI 的考核称作“绩效考核”。外贸企业引入 KPI 的目的，说白了就是为了激励好员工，同时明确区分优秀员工和混日子员工，从而执行不同的激励制度。按劳分配、按贡献分配，不是喊喊口号那么简单，要具体落实下去，就必须严格制定“游戏规则”，做好绩效考核这一块。这对于外贸管理人员来说，本就是非常重要的一项工作。主管不主观判断下属的工作情况，要尽可能以数据说话，以事实说话。

比如图 1-8，就是关于业务员的 KPI 考核案例，大家可以参考。

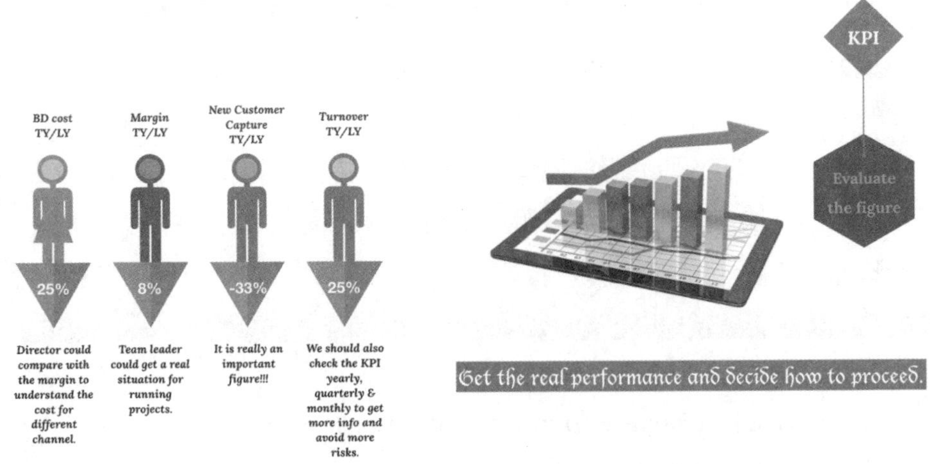

图 1-8　业务员的绩效考核（摘录自毅冰米课，毅冰制图）

这里，我们把业务员的考核方向定为四个模块。

第一，BD cost（business development cost）指的是业务开发费用。TY/LY 指 this year/last year，是今年和去年的对比。图中的“25%”表示今年跟去年相比，业务开发的费用增加了 25%。

第二，Margin 是利润。每个主管除了在意业务员的订单金额外，最关注的就是利润。“8%”表示今年和去年相比，利润增长了 8%。

第三，New Customer Capture 指新客户的开发情况。很多主管忽略了这方面的内容，总是盯着现有的客户，特别是大客户、核心客户，业绩导向导致了其所有时间、精力的倾斜。但是新客户的开发，在我看来至关重要。这关系到新鲜血液的流入，一旦老客户出现问题，公司还有新客户可以培养，可以逐渐构成客户梯队，这也是分散业务风险的一个重要方式。对于业务员的绩效考核，我特别关注这个部分。在图 1-8 中，可能新客户的开发不利，今年和去年对比，开发量下滑了 33%。

第四，Turnover 就是大家都关注的销售额。图 1-8 从总体上看，业绩还不错，销售额增加了 25%。

用传统眼光来看这个案例，业绩增加、利润增长，业务员交出了一份非常亮眼的成绩单。但是很可惜，如果引入专业的 KPI 来进行考核，我不认为这个业务员做得很出色。虽然业绩和利润增长了，但是业务费用的开支增加也很明显。此外，新客户开发乏力，这是一个不合格的指标。整体而言，使用这样的 KPI 进行考核会更加立体而全面，不至于仅着眼于订单，而让评判变得粗暴。

其他岗位也要按照合适且可以量化的标准来给员工制定激励制度，把团队的工作效率和价值放大，这才是管理的魅力。

激励制度（Inspire & Motivate Mechanism）

有了标准作业流程，员工就有了工作的方向；有了绩效考核，员工就知道该如何努力来达到公司对这个岗位的要求。

那接下来，自然就到了鼓励和收获的阶段，就是要对达到标准的员工，出色的员工，对公司忠诚、为公司付出的员工，给予相应的奖励。这样做一方面是为了奖励这个员工本人，另一方面也是为了激励其他员工以此为榜样继续努力。

过去，我们经常说“奖惩制度”，其实这个词并不好。因为大多数企业的管理者，总是以此为借口，制定了一大堆所谓的“惩罚”条款，却忽略了真正意义上的“激励”措施。如今的许多欧美企业、世界 500 强企业，都开始弱化“惩罚”的部分，而大幅增加“激励”的模块，这也是为了调动员工的主观能动性。

举个例子，上班迟到 5 分钟要扣钱，那加班 3 个小时有没有加班费呢？很多企业都没有。很多企业制定了大量的惩罚制度，弄了厚厚的一本书，但是关于激励措施却甚少提及，或者只是轻描淡写地用几句话带过。这样一来，如何让员工心服口服？如何凝聚团队的战斗力？在这种情况下，只会让越来越多的员工陷入“多做多错，少做少错，不做不错”的怪圈，这对于团队的架构和公司的发展是最大的伤害。

这里要纠正许多老板和主管的“零和博弈”思维。他们总觉得提供的奖金和激励是从公司的利润中挖出来的，把员工和公司变成对立的，多给你一块钱，公司的利润就少一块钱。这种想法大错特错！如果只有一个蛋糕，其中一个人多分一块，的确意味着其他人少分一块。可如果有三个蛋糕、五个蛋糕呢？是不是结果就不一样了？是不是大多数员工都可以多分一块、多吃一口？如果还有更多蛋糕呢？

所以真正的问题，不是一个蛋糕怎么分，而是要把目标放在争取多个蛋糕上来。这才是标准作业流程和绩效考核的范畴。后面的“分蛋糕”指的就是激励制度，是对于完成前面两者的鼓励。按劳分配，按贡献分配，这才是科学的薪酬架构体系。

对于大多数企业而言，最缺乏的就是一套科学的激励制度。老板并非不愿意支付奖金、提成，而是不知道如何在维持公司业绩和利润增长的同时，给出完全合理且科学的激励方案，调动员工积极性，使其更好地投入到工作中去。

这个问题如果要展开，会是一个相当大的课题。我们会在本书的第二章，通过不同的内容和案例，来详细分析 KPI 的制定、薪酬架构和激励制度的研究，以及一系列的相关问题。

让经理人纠结的“放权”

“放权”这个词，经理人都明白，就是做核心的事情，把其他事情尽可能地安排给团队成员、下属去处理。这件事说起来容易，执行起来千难万难。对于外贸企业的主管而言，以下几个问题，就很难去平衡是否应该放权、怎样放权。

老客户，怕业务员搞砸，主管自己跟进……

新客户，怕业务员谈崩，主管自己跟进……

样品费，怕业务员被骗，主管自己跟进……

报价单，怕业务员弄错，主管自己跟进……

见客户，怕业务员失误，主管自己跟进……

去参展，怕业务员无能，主管自己跟进……

弄网站，怕业务员拖拉，主管自己跟进……

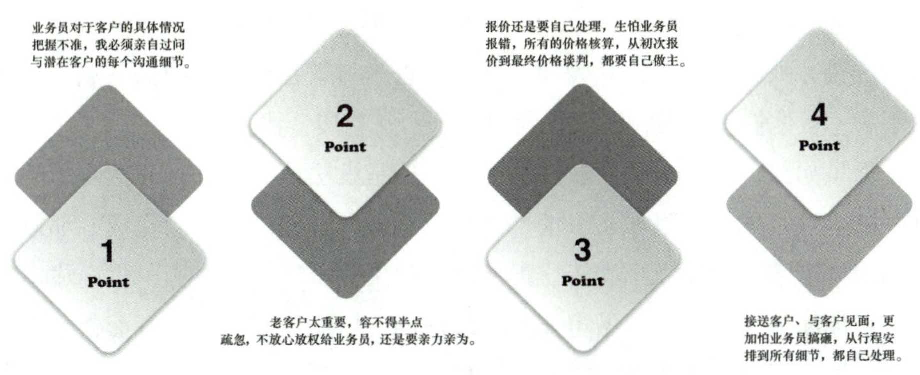

图 1-9 放权的几个思考点（毅冰制图）

以上举例以及图 1-9 中的思考点，我相信很多经理人，都可以吐一大堆的苦水，心酸经历讲上几个小时不带停下喝口水的。原因很简单，很多事情交代给下属，的确会出现这样、那样的问题，很多问题被搞砸，很多细节被弄错，很多谈判失误，很多机会丢掉。于是，主管们一千、一万个不放心，任何事情都要亲自过问，都要自己了解来龙去脉，晚上才能睡得着觉。

哪怕业务员只是给客户打个电话，想跟进一下样品的进展，主管都十分担心业务员会不会说错话，会不会得罪客户，会不会浪费机会。一件小事主管都要千叮咛万嘱咐，甚至自己做好预案，把该说的话列出来，怎么说、如何应对都事先设计好，再让业务员去打这个电话。打电话的过程，主管也要旁听，不断地写小纸条去提醒和协助业务员。

从好的方面来看，这是件好事，至少说明这个主管或者经理人很有责任心，每件事他都放在心上，都认真处理，业务方面出错的概率会大大降低。

可是反过来，也说明了这个主管的管理能力很欠缺。如果什么事情都亲力亲为，那他的手下、他的员工、他的团队，就不可能得到充分的锻炼，就永远都不会成长，不会给他有力的协助。一个人的精力有限，哪怕你再用心、再拼，那又如何？你能做的事情，拥有的时间，就那么一点，是有上限的。只有把管理做好，适当放权，让合适的人做合适的事，让专业的人做专业的事，主管只负责统筹管理和分配，公司业绩才会有较大幅度的提升。

可能有的朋友看到这里会说，不是我不想放权，而是我一放权，手下就这个弄错，那个搞砸，让我无比头疼。还有，与其花很多时间去一点一点培养下属，教他们怎么做，还不如我自己干，又直接又快。

话虽如此，可这个“放权”的步骤，还是没法节省的，因为这是团队管理中的重要一环。如果什么事情都老板自己做，都经理人自己完成，那效率又如何产生呢？如果一个高管，把清洁工的工作干了，一方面，机会成本非常高，他如果用这个时间做更能产生价值的工作会更好；另一方面，他也抢了清洁工的饭碗，严重违反经济学原理。

那我们再反向思考一下，如果经理人“适当放权”，把很多工作交由团队来完成，自己只关注最核心和最重要的事情，把角色定位和相应的工作职责做好区分，会有哪些坏处呢？我简单总结了一下，大致可能有以下几点：

- 会有一定的试错成本
- 下属成长到能够独当一面的阶段，需要时间
- 很多事情不能直接参与，所带来的心理缺失感
- 被下属架空的风险

要是再简单总结一下，其实就是两个顾虑——两个“心”：

- 不放心
- 瞎操心

这就好比带孩子，我们以为有些事情孩子做不好，以为他们不明白，可

或许他们可以做好，能够明白。不去尝试，不去放权，又如何知道下属没法完成工作，没法达到预期呢？

士别三日，当刮目相看。没有人天生就会做很多事情，很多东西都是在工作中慢慢体会，慢慢摸索出来的。经理人可以回想一下，自己能有今天，是不是因为在过去成长的过程中，上司给了自己机会去历练、去摸索、去犯错？

很多弯路没法省，该摔还是要摔；很多钉子没法躲，该碰还是要碰。哪怕受伤，哪怕犯错，只要控制在一定的范围内，让员工在实际工作中获取经验，去成长，那一切都是值得的，经验都是磨炼出来的。如果经理人前怕狼后怕虎，什么事情都揽在手里，结果只能是自己忙死，效果却很有限。团队的能力上不去，影响的还是公司的利益和人员架构的平衡。

所以，对于管理而言，“放权—试错—总结—成长—分担”这条路是必须要走的。

“管理”的重心在“理”

管理的重心不在“管”，而在“理”。这个“理”字的意思，不仅是“理顺”，还是“理解”。经理人对下属，单纯地“管”是没用的。制定这个制度、那个章程、这个要求、那个规定，靠从上往下施加压力，并不见得有好效果。员工如果觉得心烦，觉得难以接受，觉得无法做到，可能就会抵触，就会抗议，就会用脚投票，选择离开（如图 1-10）。

所以，如今的管理跟过去大不一样，已经从下属服从领导的“威权式管理”，逐步演变为“参与式管理”。

经理人要参与到具体的项目中去，从旁观的领导者转变为一个了解下属工作情况，并提出宝贵意见的高级顾问。这个角色的变化，促使对经理人各个方面的要求，都大幅度提高了。

管理思路的变化

The Revolution of Administration

参与式管理

威权式管理

图 1-10　管理思路的变化（毅冰制图）

过去那种“上级让我当领导，我就是领导，就来管你们”的观念已经落后于时代。现在的情况是，管理者要从“领导者”变成“协调者”和“参与者”，帮员工厘清问题，梳理解决方案，引导大家去思考、去合作、去面对和解决各类问题。所以，管理者不仅要搭建团队，更要协调和参与团队的具体工作，成为团队中的高级顾问和灵魂人物。

管理的思路，要从以“管”为重心，逐渐向以“理”为重心转换。

第五节
无法回避的财务问题

财务管理是企业管理的重中之重。从现实意义上说，如果一个现代企业，没有稳健且高效的财务管理制度，来维持公司的日常运营和风险控制的话，这个企业或许就会面临随时倒闭的风险。因为没有人知道，明天会不会出现一个让你承受不住的意外。

这就好比我们买房、投资，很重要的一点就是"量力而行"。很多人认为，应该尽可能把贷款杠杆用到极限，增加负债，用银行的钱来稳固自己的基本盘，借助长期的通货膨胀来跑赢利率。这在理论上是没错的，但是这个思路有一个大前提，就是你要有一个稳健的现金流或者资产组合，只有这样，才能支撑高负债方案的运行。

正如大家所知的，高利润往往意味着高风险；反之，低风险同样反映出来的是利润的微薄。所以我们要在可控的范围内，尽可能地寻找一个临界点，来平衡风险和收益。假设一个新客户，要求的付款方式是 O/A 180 days（提单日后 180 天付款）。很显然，如果你接受，那你拿下这个订单的概率会很高，因为你承担了高风险，相应的收益和机会也会随之而来。反之，如果一个新客户，你要求发货前付清余款，那你接单的概率就会大大降低，因为你只愿意承担低风险，把风险全部压到了客户身上，即使最终拿下了项目，利润也一定不会好。若是建一个简单的经济模型，就是图 1-11 这样：

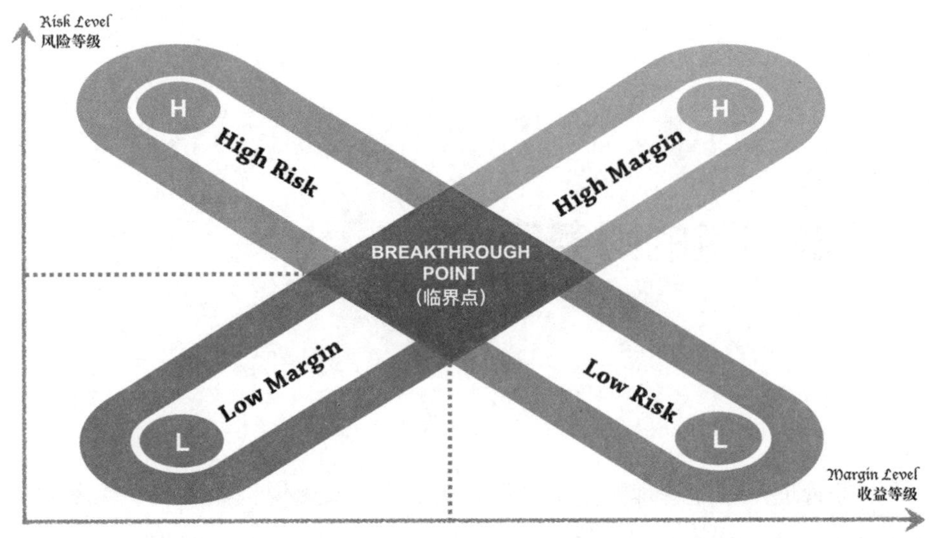

图 1-11 临界点（毅冰制图）

我们不可能一味地加大风险去追求利润，也不可能过于保守而放弃利润。所以，在商场上，如何根据自身情况做好风控，如何在财务稳健的前提下适当增加杠杆，将风险限制在一个可控的范围内，是管理者必须做好的财务功课。

涉及钱的问题，往往触及公司的经济命脉，来不得有半点马虎，也不能有“赌徒心理”。我们要做的是科学分析，通过数据和精算来找到适合自己的临界点，从而在这个点附近进行微调。这才是合理的。

再举个例子。假设你的年收入是 20 万元，房贷是 200 万元，财务问题可能还不是太大，可以通过按揭的方式分批偿还。那如果你的年收入只有 10 万元，你偏要去加杠杆，叠加各种贷款，来强行撬动 1 000 万元的房贷，那你的财务风险级别就会陡增，你随时都有可能因为收入出问题，拆东墙补西墙补不过来，而影响后期的债务偿还。

如果我们把财务问题，从个人延伸到企业，会变得更加复杂，其复杂程度甚至会呈几何级数增加。公司越大，人员越多，业务规模越大，交易额越高，财务风险就会越大。

比如，客户的公司突然倒闭，你有上游工厂的货款要结算，有货代的费用要支付，而客户的多笔款项却未能付清，你是否扛得住？

比如，公司资金实力有限，但是多个大客户都要求远期付款，公司的运营全靠融资和贷款，甚至把客户开立的信用证抵押给银行，做打包贷款。这是否合适？

比如，公司虽然资金充裕，但是在应对客户的抱怨、索赔时，应该如何处理才更合适？

……

这些问题，看似简单，但是在实际应用中，涉及千头万绪的细节，仅依靠所谓的“标准作业”“公司政策”是行不通的。毕竟做外贸，是跟人打交道，既要维护自己的利益，也不能让客户不满，还不能得罪供应商。要平衡多方的利益关系，考验的是管理者的智商、情商，还有随机应变的能力。

在这里，我想通过一个很有代表性的索赔案例，给大家提供一些财务方面的建议，以及风控方面的思考。

案例 1-10

风控的平衡与折中点——糟糕的应对策略

故事的背景很简单，是老生常谈的索赔问题。

这是我的一个学员的亲身经历。她是一家贸易公司的业务主管，给客户出的一批货，有一部分的配件放错了，客户特别恼火，发邮件一通抱怨，要求立刻解决这个问题。

这个业务主管的处理方法很糟糕，她并没有给客户带来特别好的服务体验。她的应对思路是这样的：要求客户提供详细的证据，来证明的确有相应数量的配件有问题；另外，她称这次的纰漏是合作工厂的包装环节出了问题，不关他们的事，但是他们会对此负责，在下一个订单里给客户补货。

我们姑且不论邮件撰写水平的高低、语气和语境的掌控力等实际问题，单纯从思路角度看，这也谈不上一个好的应对策略。产品出了问题，客户恼怒很平常，这个时候，业务主管如果这样回复邮件，只会火上浇油。

很显然，从买手的角度去看待这个问题，她的处理方式可以归纳成三个要点：一是浓浓的不信任感；二是推卸责任；三是把问题推给未来。

大家可以对号入座一下，问问自己平时碰到这类索赔问题，处理思路是不是也跟这位学员没有太大差别？在我看来，这是一个很糟糕的应对方案。

最终结果自然也是糟糕的。后来，客户不再回复邮件，也不再理会这个供应商。不管她接下来怎么跟进，甚至表示立刻把新的配件补寄给客户，对方都毫无反应。

（案例素材引自毅冰米课答疑平台 https：//www.imiker.com）

我们再分析一下这个学员处理方式的三个要点，问题难道真的这么多吗？其实也不尽然。

第一点：浓浓的不信任感。她显然是在追问客户，要对方提供证据，这给对方带来了不适的感觉。要客户提供一些资料，这没错，但是需要使用一些技巧，讲究一些话术，不要让别人觉得你是在审问犯人，而对方需要拿出证据来证明自己的清白。

第二点：推卸责任。她想跟客户解释是合作工厂的包装环节出了问题。哪怕这是事实，你这样回复客户也是不恰当的。因为客户可能不这样看，也不会站在你的立场上考虑问题，他会觉得，与他合作的人是你，接他订单的人是你，管好上游工厂是你的责任，跟他毫无关系。现在出了问题，你把责任往合作工厂推，显然不合适，也站不住脚。

第三点：把问题推给未来。问题已经出现了，你跟客户说，会在下一个订单里给他补货，这有说服力吗？显然是没有的。你这个订单的问题都没给我解决，就要我给你下一个订单？这种情况下，客户已经无比恼火，你还玩这种小心机，只会把情况越弄越糟，把现在的合作机会和未来的合作一起破坏。

所以，这种应对方法真的是大错特错。从表面上看，这种解决策略好像没有什么问题，要客户提供证据，然后给客户找原因，下一单给客户补货，感觉好像站在公平的立场上，不偏袒客户，也不让公司蒙受因索赔带来的损失。可实质上，哪怕这个思路没有大问题，但是执行方式也实在没有多少可取之处。

我想通过一个亲身经历的类似案例，给大家分析一下，专业的处理方法应该是什么样的。大家可以对比一下这两种不同的处理方式，感受一下可能产生的不同结果。

案例 1-11

毅冰应对索赔的方法

我在贸易公司做销售主管的时候，收到一个美国老客户的索赔申请。我当初遇到的情况跟这位学员十分接近，差别在于她放错的配件是轮子，我放错的是扶手。补充一点，我做的是户外家具。

一把椅子放了两个左边扶手，自然没法正常装配使用。客户很恼火，发了一封措辞极其严厉的邮件过来，质问我们为什么会出现如此严重的问题，强调这样会损坏他们的品牌形象，给他们造成无法弥补的重大损失，要我们承担所有责任，召回产品，并赔偿由此给他们带来的损失，包括他们因无法销售这批货产生的利润损失。

收到邮件的那一刻，其实我心里是没底的。因为这种事情如果处理不好，损失的将是一个大客户，这是公司无法承受的，也是我没法交代的。即使处理好了，可能也要赔偿一大笔钱，客户还不见得满意，如果赔偿之后，还是没法挽回，客户将来不再找我们合作，就更麻烦了。

虽然，这个邮件是发送给业务员的，但是这类问题，业务员往往难以处理。我在团队中再三强调过，只要是客户的投诉，任何时候，业务员都不可以自作主张地去回复，以免把问题扩大，弄得不可收拾。任何针对投诉邮件的回复，都需要经过我的授权，才可以发出去。

（1）我简单了解了一下情况，并查看了往来邮件后，研究了很久，才让业务员写邮件给客户，告诉对方，“我们已经收到反馈，并且非常重视这个事情，一定会立刻调查，并且尽快给予完整的答复，请谅解，也请相信我们，一定会给您一个交代。”这封邮件，在发送给客户的同时，要抄送给我。

（2）然后，我在业务员回复的那封邮件后面，立刻跟进一封邮件，以我的名义告诉客户，“我是公司业务部门的负责人，很抱歉出现了这么不愉快的事情，我会亲自处理和跟进，在一天之内给您一个完整的答复。如果业务员出现任何沟通不到位的情况，请谅解，您可以直接联系我。”然后留下我的联系方式。我这是在以管理者的名义出面道歉，让客户知道，我是可以拍板的人，我们会承担这次的责任，并且会在一个特定的时间内给予答复，不会踢皮球，也不会无限期拖延。

（3）这两个步骤完成后，我就让业务员立刻跟工厂沟通，询问究竟是什么地方出了问题，为什么验货的时候没有发现。后来得知，可能是电镀以后，弄错了一部分周转箱，再次装箱的时候，工人可能没有注意，出错的数量应该也就十几套的样子，否则肯定会被发现。验货是根据 AQL（接收质量限）标准抽样的，放错的数量不多，一个周转箱也就有十几个扶手，相对于一万多套的总量而言，没抽检到也很正常。当然，工厂也表示愿意承担相应的损失，重新提供配件。

（4）这个时候，我跟业务员说，工厂方面的事情就不用再纠结了，这不是追究责任的时候，让工厂多赔一点还是少赔一点意义不大。当务之急是解决客户这边的问题。不能让客户不满，也不能丢掉客户，更不能让公司承担更大的损失。每件事情，都要做到尽可能完善。

（5）然后，我以销售主管的名义，又给客户写了一封正式的邮件。在邮件里，我表示，“首先，非常遗憾因为我们订单操作的失误，给您带来的一些不便，对此，我们很抱歉，也一定会承担相应的责任。其次，经过这次的事件，我们重新检查了品质管理（quality control，QC）和品质保证（quality assurance，QA）的流程，修正了品质管理中可能产生此类问题的漏洞，我们有充分的信心，不让这类事情再次发生。”

（6）不等客户回复，我又跟进了第二封邮件，制作了一个图文并茂的幻灯片，告知客户，造成此次扶手弄错的原因出现在哪一个生产和装配环节，为什么在后续包装和验货时，没有发现这个问题。然后阐述了在未来的订单里，我将如何优化现有流程，比如加入“产中验货”（inline inspection）；比如在“最终验货”（final inspection）的时候，提高 AQL 标准，甚至在有必要的时候做全检等。

（7）我继续跟进第三封邮件，以 mail group（邮件群思路，毅冰原创，可参阅《外贸高手客户成交技巧 2：揭秘买手思维》）的方法，专门针对这次的问题所带来的损失，给客户提供解决方案。邮件正文我大致这样写："这次的事情，我们会承担所有费用，包括在美国重新包装和返工的人工费，请把相应的费用明细告知我们。"为此，我提供了三套方案供客户选择。

方案一：将有问题的椅子作报废处理，涉及的金额，我们给客户退款。此外，因为少销售椅子产生的利润损失，以及相应的关税、物流费用等连带损失，我们也一并承担。

方案二：如果客户不想报废这些有问题的椅子，我们就把正确的扶手重新快递过去，并由我们承担一切返工的费用和杂费，客户列明清单即可。

方案三：把有问题的椅子作报废处理，但是我们先不退款，而是在后面的订单里，扣除相应的费用，以及连带的关税和物流费用，不让客户重复承担费用。

最后我再把姿态放低，告知客户，如果有其他任何想法和方案，都请不吝赐教，我们一定会立刻研究，不给其造成更多的麻烦。希望我们将来的合作，不会因为这次的事情而受影响。

（8）结果，这一组邮件群发送之后，效果出乎意料的好。客户回复了一个"Perfect"（完美），感谢我的努力和认真，表示很高兴看到我们对于改进生产流程的具体措施和方案，以及相应的处理方式，这表示出了很大的诚意，所以这次就算了，相信未来的合作会很愉快。

这就是最终的结果，我们一分钱都没花，事情居然完美解决了，还赢得了客户对我们的认可，成功地把一次索赔事件，转变成了客户对我们改变看法的契机，不能不说是一个奇迹。

其实，坦白地说，不赔款并不是我的最终目的。我本来就愿意赔，愿意借助一次危机来展示我们最大的诚意和解决问题的能力，展示自己跟其他供应商不一样的地方，从而为将来的合作埋下伏笔。

这个事件的最终结果的确不错，客户比我想象的更好说话，更容易沟通。这也从另一个侧面印证了，大多数的同行、业务员其实是做不到这么细腻和缜密的。大家觉得业务难做，觉得客户难以沟通，觉得对方的态度自己没法接受，其实归根结底还是自己的问题，是处理方式的问题。

这就好比 mail group，外行人一看，这不很简单吗？不就是把很多内容拆分成几封邮件，分开发送吗？要真这么想，那说明你还停留在盲人摸象的阶段，只看到了表象，就觉得什么都领悟，什么都明白了。其实，这里面的水很深；这里面的学问很大。要执行起来，要灵活运用，还是很挑战外贸经理人的水平的。

我之所以在这一节拿出这个案例，是希望告诫大家，财务问题很复杂，关系到风控，关系到沟通，关系到策略，关系到平衡，并不是一个简单的财务人员可以处理的，需要从上往下协调各个部门——业务部门、采购部门、内勤部门、人事部门、财务部门等，需要各部门通力协作，来维持公司的日常运营和风险控制。

当然，除此之外，老板和职业经理人最关注的激励制度和薪酬架构的问题，也属于财务范畴，我们暂时不展开分析。这方面的内容在本书的下一章，将得到完整的阐述。

MBA经典案例

松下幸之助的共同利益策略

在日本，有两位大师级别的商界人士，被誉为“经营之神”。第一位，是赫赫有名的京瓷集团和日本电信运营商 KDDI 的创始人——稻盛和夫；第二位，是松下电器的创始人——松下幸之助。

哈佛商学院的 MBA 课程里，有专门针对松下幸之助的“共同利益策略”的分析内容。在那个年代，松下幸之助并非继承家业的富二代，而是白手起家的创一代。创业初期，松下幸之助带领几个员工，开始小作坊式的生产和经营，这就是后来的松下电器的雏形。

由于松下幸之助是白手起家，从草根阶层开始创业的，所以松下电器并没有日本大企业、大商社那种壁垒森严的等级制度，老板和员工之间的分界，也不是特别明显。在那个时候，松下幸之助就习惯把公司的生产和经营情况对所有员工公开，将大家的利益捆绑为一体，每个月计算盈亏，让大家都知道公司的运营情况，也与员工分享公司的经营成果和利润。

相比其他企业老板的遮遮掩掩，松下幸之助的做法得到了员工们的认同和支持。因为大家都觉得，公司的发展有我的一份功劳，公司的收益也有我可以分享的红利。公司内部自上而下形成了良好的工作氛围，员工也感受到了老板的信任和诚意，大家积极向上，为公司的发展而努力，形成了后来松下集团的经营哲学之一。

这种经营方式就是“共同利益策略”，也可以理解为“玻璃式经营法”。

毅冰说

一直以来我都认为，外贸企业人员流动率大的原因，主要是员工的归属感不强，凝聚力不够。说白了，员工认为赚钱是老板的事情，亏钱是老板的事情，不赚不赔也跟我没关系，有更好的地方、更高的薪水，我就跳槽。抱着这样的心态，如何能全力为公司服务？

所以，留住核心员工，稳定团队，让大家沉下心来做事，才有可能把公司经营好，让客户信任，让上游供应商配合。

这里面的大前提就是“共同利益策略”。要让员工有充分的归属感，即公司赚钱，大家获利，公司赔钱，大家损失；要让员工知道，公司成长和发展了，大家才能分享其中的红利。经营情况对员工基本公开，才能把外贸企业经营好。

没有规矩，不成方圆。这里的规矩，指的就是游戏规则。规则不仅要制定，还需要执行。

对于本章内容，你有哪些感触和想法？如何执行和落地？

不要犹豫，把它们写下来吧！

第二章

薪酬体系与绩效考核

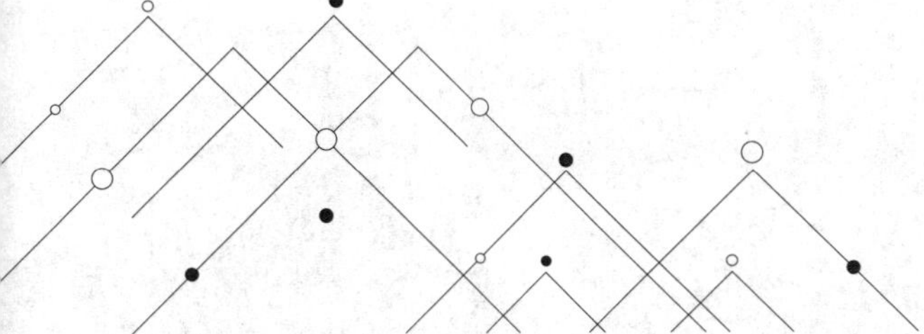

第一节

KPI 的落地难题

在本书第一章里，我们提到了 KPI 的问题，它可以用于对员工的工作执行情况和具体的效果进行考核，也就是我们通常所说的“绩效考核”。

大量的教材，包括 MBA 的传统教材，都把 KPI 作为考核员工和部门的具体指标，借助 KPI 考核结果调整公司的经营策略、目标方针，以及薪酬架构和激励制度等。

我相信，大量的外贸企业的管理者、经理人，一定希望借助 KPI 来考核自己的员工和团队，从而执行真正意义上的激励制度，员工做得好就发奖金，做得不好就扣奖金。

KPI 的五个量化步骤

绩效考核具体如何执行呢？其实根据传统意义上的 MBA 课程模块，KPI 的设计一般分为五个量化步骤（如图 2-1）。

第一步，决定如何去量化工作情况（Decide what to measure）。说白了，就是要根据公司和团队的具体情况，来制定考核标准，也就是游戏规则。

第二步，收集数据（Collect the data）。这一步是关键中的关键。需要哪些数据、如何整理等问题需要在这一步做好，这一步指的是在执行的过程中如何统计数据。

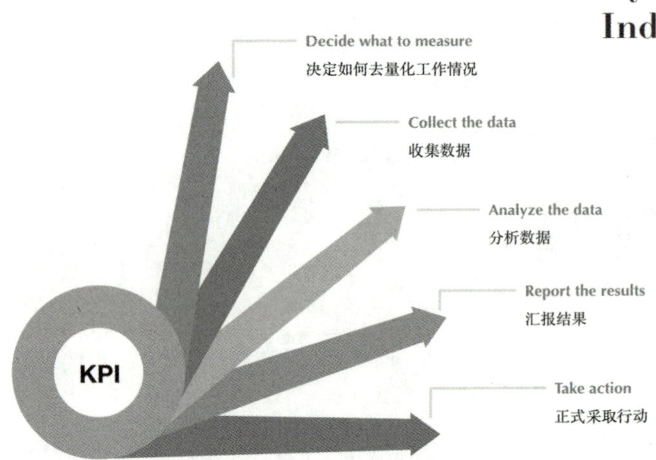

图 2-1 KPI 的五个量化步骤（毅冰制图）

第三步，分析数据（Analyze the data）。这个好理解，数据统计完成，汇总之后，就需要对手中的数据进行分析，从而用数据说话，掌握员工真实的工作情况。

第四步，汇报结果（Report the results）。等数据统计完，可以量化之后，把通过分析得到的结论上报，以此作为激励制度的依据，同时也便于了解员工的实际表现情况。此外，公司未来的工作方向、目标的制定，都需要根据 KPI 考核的结果进行调整。

第五步，正式采取行动（Take action）。采取什么行动？当然是根据统计结果来对员工给予激励、处罚或岗位调整。一切都要以结果为导向。有了结果，才可以掌握员工的真实工作情况，激励制度也才能名正言顺地执行起来。

KPI 制度难以在中国外贸企业落地的现实情况

然而，有些看似简单的东西，其实并不简单。因为在实际操作中，大家会逐渐发现，不是奖惩制度不能执行，不是绩效考核不能开展，而是在大部分外贸企业里，KPI是很难量化的。

比如以下几项，就很难量化和考核。

案例 2-1

难以用 KPI 量化的问题举例

问题一：跟单员平时兢兢业业工作，她的工作表现如何通过数据统计？

问题二：有些跟单员一个月跟一个订单，有些跟单员一个月跟100个订单，如果单纯用出错率来统计 KPI，合适吗？

问题三：业务助理的工作表现如何量化？

问题四：采购部门的 KPI 该如何计算？

问题五：新员工的离职率不低，是不是说明人事部门人员的 KPI 都不合格？

问题六：公司资源很好，老客户一直返单，难道这意味着业务员的表现足够出色？

……

虽然还可以举出很多例子，但仅这几个问题，就已经足够让不少经理人头疼了。

我们把问题一和问题二结合起来看。跟单员的绩效该怎么考核？如何看待其工作表现？有些公司可能以出错率为考核标准，老板为此还扬扬得意，考验跟单员的是工作的认真和仔细程度，这个岗位需要细致地处理各种问题，包括协调工厂、货代、第三方机构、客户有关人员和订单生产环节，错误越少、出错率越低，就说明跟单员的表现越好。

对于这个考核思路，我是嗤之以鼻的。我可以举一个很简单的反例。假设一个跟单员一个月就跟了一个中型客户的订单，没出问题，她的出错率是0，非常完美。但是另一个跟单员，一个月内，手里有两个大客户，6个小客户，3个中型客户，同时跟进和处理20多张订单，没有出大错，但是的确有两三个订单有些疏忽和小意外。这种情况下，她的出错率接近10%。如果按照出错率来统计，第一个跟单员的表现要好于第二个跟单员，应该拿更多的绩效奖金。

很显然，这是大错特错的。因为大前提不同，所以根本就没有可比性。我们既要鼓励员工承担更多工作和责任，又需要对他们的工作表现和工作内容给予奖励。错误的确需要纠正，需要给予相应处罚，但是不能因为有错误，而影响因其他工作取得的成绩而应获得的奖励，这显然是不公平的。这说明，在游戏规则的设置上，一刀切的做法不科学，也不可取。

问题三也是同样的道理。业务助理做的事情很杂，而且很琐碎，比如协助主管处理业务、跟单、采购、与相应部门的同事合作。这个岗位有的时候工作量很大，有的时候可能很清闲。那具体如何量化工作表现？如何考核才合理？

再看问题六，有些公司资源不错，产品不错，价格也还行，公司对业务员开发客户的支持力度很大，对于客户的要求也一直都满足得不错。在这样的公司里，业务员的工作压力其实很小，他们不需要艰难地与客户谈判，客户就会下单、返单，业务员只需要接单，做做跟单的工作，把订单安排下去就行。在这种情况下，如果按照客户的返单率来进行考核，那业务员的分数会非常高。然而，这能说明这个业务员工作很努力、很出色吗？其实不然。因为这是公司的优势，是产品的优势，是价格的优势，跟业务员关系不大。所以，设计这样的KPI同样有失偏颇，无法让经理人掌握真实情况。

除此之外，还会出现问题四、问题五，甚至其他更多问题。经理人会逐渐发现，制定大量的非直接业务部门的相关人员的KPI，本身就是一个大难题。尤其对中国的外贸企业而言，其企业管理制度跟西方企业截然不同。所以，外来的和尚未必就会念经。很多在国外商学院和企业被验证过，看起来行之有效的一些方案，在中国的外贸企业却未必能顺利落地，甚至可能会产生一些更严重的问题。

毅冰的解决思路和方案

KPI 考核是不是本身就错了呢？当然不是。

这套理论十分缜密，也非常有效，可问题在于，大多数经理人都把这套理论给想简单了。这背后是有大学问的，需要长期、周密的调研、测试、验证、调整、再验证，完成一系列的步骤。不可能一个经理人一拍脑门，就设计出一套游戏规则，然后让全公司执行，以此去解决问题。

换言之，一个企业的 KPI 制度，从最初设想到最后落地，可能要尝试无数次，失败无数次，修改无数次，才能正式投入使用。这不是一个静态的标准，而是根据企业的变化、形势的变化、同行的变化，不断调整的一套动态的方案。

下面，我们通过两个案例来看看 KPI 考核应该如何落地，如何把疑难问题用更合适的游戏规则解决，从而规避掉可能存在的风险。

案例 2-2

采购部门的 KPI 设置

在外企，采购部门的考核指标往往是公司的成本控制情况。换言之，在采购环节给公司节约的成本、提升的效率、增加的利润，就是采购部门绩效考核的重要指标。

比如，老产品的采购单价下降了 1%，销售价格上涨了 3%，公司多获得了 4% 的收益，那么采购部门在这方面就功不可没。他们维护好了现有供应商，减少了瑕疵和订单出错概率，同时开发了新供应商，降低了成本。这就是 KPI 考核在采购部门的应用。

那KPI具体该如何设置呢？我个人认为，针对中国的外贸企业，采购部门的 KPI，要通过以下几个方面来设定：

第一，老产品采购单价的谈判与维护；

第二，新供应商的替代准备；

第三，供应商出错比例统计；

第四，收受供应商贿赂事件（Bribery Case）零容忍；

第五，整体的成本控制。

这里的每一条，都要根据每个公司的实际情况，来调整和研究具体的内容和执行策略。所有的统计数据都要可以量化，要落到实处，要可以真正体现出采购人员和团队的具体表现，从而为考核和激励制度来提供数据参考。

若是用图来表示，可以是图 2–2 这个样子：

KPI For Procurement Department

采购部门的**KPI**设置

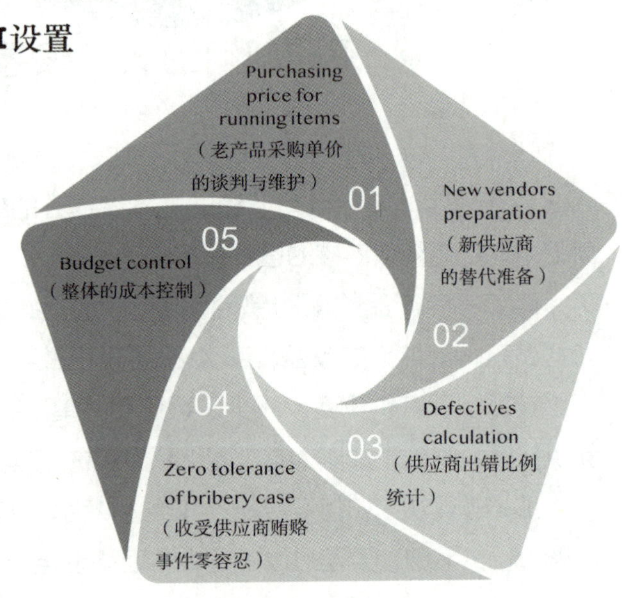

图 2–2　采购部门的 KPI 设置（毅冰制图）

这里面的每个环节都要事先想清楚、想透彻，把游戏规则制定好，尽可能减少漏洞，掌握采购部门的真实情况。否则，让老实人吃亏，让庸人获利，就不好了，也是管理者的严重失职。

我们再来看一个跟单员的绩效考核案例，给大家相应的参考。

案例 2-3

跟单员的 KPI 量化统计和案例模拟

与采购员一样，跟单员的工作情况，单纯用业绩来评定也是十分困难的。因为很多工作不一定会有立竿见影的效果，但是需要花很多时间、精力和心思去做。

所以跟上面的案例一样，我们要把考核标准制定得更加细致，很多加分项要考虑进去，才不至于难以掌握具体的工作情况。

我个人建议从以下五个模块，来制定跟单员的 KPI 考核标准。我曾设计过一套关于跟单员的打分制考核标准，就是从这五个模块入手，来做统计的。

模块一：跟进订单的数量统计（大客户订单或者大订单记 10 分，中等订单计 5 分，小订单记 3 分）。

模块二：出错的数据统计（小失误扣 3 分，中失误扣 5 分，大失误扣 20~50 分）。

模块三：工作负荷情况（超负荷工作加 10 分，中等强度工作加 5 分，轻量级工作加 3 分，清闲工作不加分、不扣分）。

模块四：是否执行标准作业流程（是，加 5 分；否，每次扣 3 分；否，且造成失误，每次额外扣 5 分）。

模块五：与业务、采购、助理等相关同事的沟通是否顺畅（十分顺畅且无问题，加 10 分；有小问题，但不影响具体工作，不加分、不扣分；有问题，部分影响工作，扣 5~10 分；跟同事之间无法合作，严重影响工作，扣 20~50 分）。

每一分对应的奖金是 100 元人民币。

我们可以模拟一下实际操作的情况。

假设一个跟单员，第四季度很忙，手里跟进的订单有 38 个，其中大订单 3 个，中等订单 11 个，小订单 24 个。根据模块一，他跟进订单的总分是：3×10+11×5+24×3=157 分。

对应模块二的出错统计，他大的失误没有，中等失误有 1 次，是验货申请提交晚了，导致第三方排期延迟，推迟了一个船期。客户没说什么，但是这个失误需要扣 5 分。小的失误，比如快件寄出后，没有第一时间把单号和详情通知业务员；打包样品时忘记在纸箱上下垫纸板；制作 invoice（发票）和 packing list（装箱单）时，有日期没改过来，有内容填错等，总计 7 个失误，需要扣 7×3=21 分。算上中等失误的 5 分，总计需要扣除 26 分。

接下来，看模块三。这个季度工作强度很大，往往是一年里最忙的，所以属于超负荷工作，需要加 10 分。

再对应模块四。这个跟单员平时基本严格按照标准作业流程执行，没有出过严重问题，但是有两次自作主张，违反公司规定，需要扣除 4×3=12 分。

最后是模块五。这个跟单员跟其他员工的沟通十分顺畅，可以通力合作，团队之间的协作十分紧密，值得鼓励，可以加 10 分。

这样一来，五个模块的总分是 157-26+10-12+10=139 分。再按照每分对应 100 元人民币计算，这个跟单员第四季度的绩效奖金，就是 13 900 元人民币。

当然，这样看起来并不够直观，我们可以通过图表（如表 2-1、图 2-3）来表示。

一旦把这些内容量化，我们就可以知道跟单员的真实表现，从而通过 KPI 来计算具体的数字。主管一方面可以掌握员工工作的具体情况，看接下

表 2-1　跟单员的绩效考核及绩效奖金统计表（毅冰制表）

ASSESSMENT CRITERIA（评价指标）	SCORES（分数）	RATIO（系数）	RESULT（奖金）
Follow-up Orders（跟单数量）	157	100	15,700
Defectives（出错统计）	-26	100	-2,600
Working Strength（工作负荷）	10	100	1,000
SOP（标准作业流程）	-12	100	-1,200
Teamwork（团队协作）	10	100	1,000
		TOTAL:	13,900

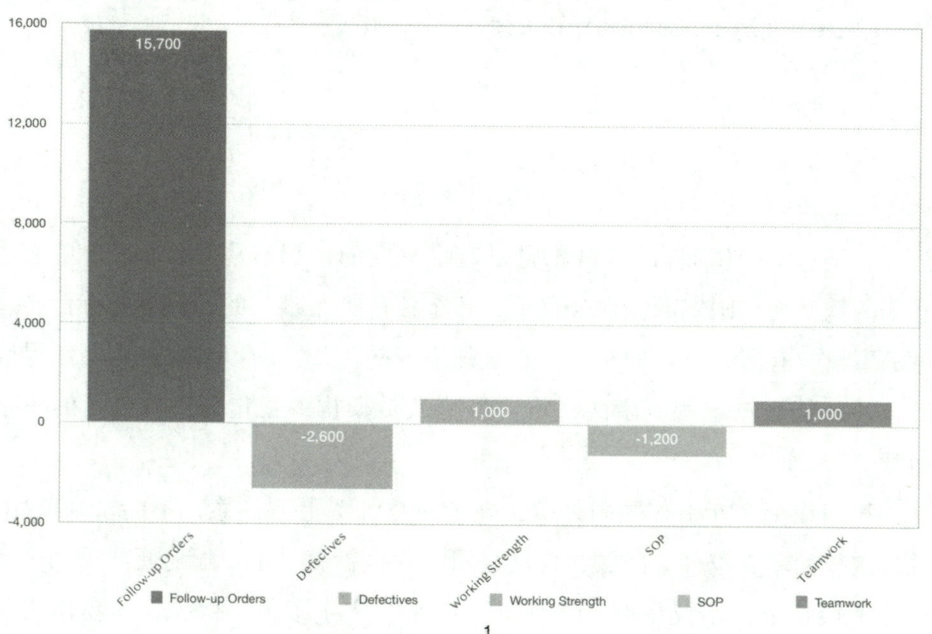

图 2-3　跟单员的绩效考核及绩效奖金统计图（毅冰制图）

来是需要调整、增加人手，还是需要重新分配和安排工作；另一方面则可以根据 KPI 考核的结果来发放绩效奖金，避免奖金随意发放所造成的误会或不满，一切有理有据，可以通过数据说话。

此外，在上述案例中，对跟单员的 KPI 设置的五大模块，我们也可以通过图 2-4 中的 KPI 模块漏斗来形象理解。

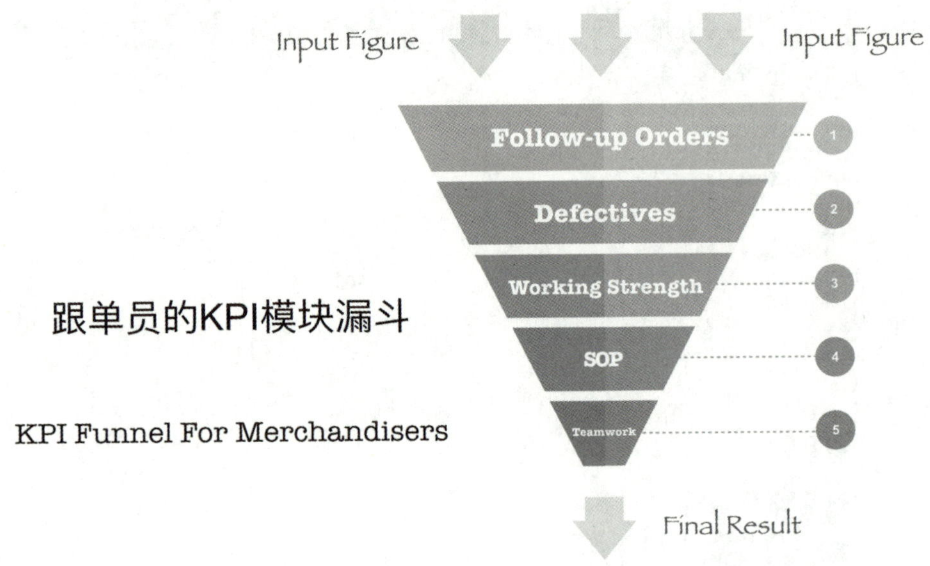

图 2-4　跟单员的 KPI 模块漏斗（毅冰制图）

对于每个职位而言，KPI 都是具有唯一性的，都不是可以简简单单通过几个条款来轻易限定的。在公司里，每个角色都是唯一的，每个人有自己该做的事情，有需要学习的东西，有必须完成的工作。所以游戏规则制定得好坏，往往能影响激励制度的执行，影响人员架构的稳定，影响公司的正常运营。

我们在把 KPI 引入国内外贸企业的时候，千万要注意，不能拿来就用，觉得这很简单，没什么问题，自己公司只要执行就是了。随随便便采用一套业绩考核标准，不仅没有什么帮助，反而会产生很多反效果，容易出大问题。所谓“画虎不成反类犬”，就是这个道理。

KPI 考核标准必须要根据实际情况来调整和设计，按照自己公司的现实问题来优化模式和结构，厘清各种要素和工作职责，把各项指标与工作的实际情况挂钩，把绩效奖金和考核情况挂钩，逐步推进和试行，再不断调整和弥补漏洞。只有这样，才可能制定出一套适合自己公司的、可以落地的 KPI 标准。

这是一个长期的过程，不可能一蹴而就。这其中的核心问题，我上面已经提到了，就是在推进过程中，必须把 KPI 和“绩效奖金”挂钩，也就是跟薪酬架构相捆绑。这就引出了我们下一节的内容。

第二节
薪酬架构本身就是大学问

一个企业，招人容易，难的是留住人。

一方面，这涉及公司的战略发展和对员工的工作定位；另一方面，这涉及公司的薪酬架构和员工自己的职业规划。这里面，任何一个方面出了问题，都有可能造成彼此无法继续合作，和平分手或者不欢而散的局面。

在这里，我们姑且不论战略发展和工作定位之类的问题，专门探讨一下，大多数老板和经理人最在意的，也是大多数员工最纠结的问题——薪酬架构。

坦白地说，薪酬问题是困扰大多数外贸企业的核心问题之一。薪水给少了，招不到合适的人，也很难留住现有员工；给多了，公司的财务成本和风险会增加，员工对未来薪水增长的预期也是个大难题，一旦处理不好，团队依然容易离心。

当然，这其中不乏出色的经理人，早就看破这些问题，对事业发展有雄心，给出超过行业平均值的薪水，吸引人才。

可事实上，如果没有一套完善的制度相匹配，这种做法往往只能激励一时，并不见得能有长期的效果。最终的结果可能是，真正的人才或许依然会因为其他问题而离开；许多庸人或许拿着高于同行业平均水平的工资，但是工作能力远达不到与薪水相匹配的水平，同样得离开。然后，继续恶性循环，出现无数的难题和困扰，经理人的积极性一次次被打击，最终改弦易辙，走到另一条路上。

我们先来看一张图（如图 2-5），通过分析其中的内容，把导致以上问题的原因一层层梳理出来，看看究竟是怎样的难题，困扰了这些经理人和公司老板。

我把这个流程，总结成了一个模型，简称为 HQTW 模型。

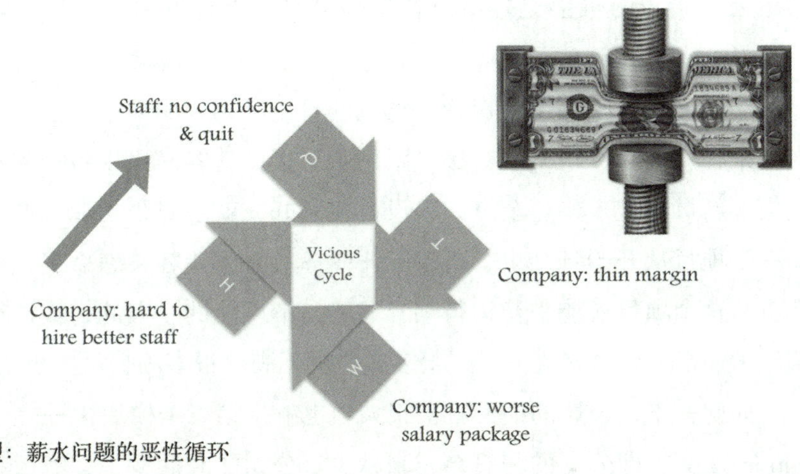

图 2-5 HQTW 模型：薪水问题的恶性循环（摘录自毅冰米课，毅冰制图）

我相信，这也是困扰大多数企业的一个恶性循环，它们因为这样、那样的现实问题，很难从中跳脱出来。这其中，有 3 个因素跟公司有关，有 1 个因素跟员工有关。

既然是 HQTW 模型，我们就先从 H 看起，也就是最左边的“Company : hard to hire better staff”，意思是“公司层面：很难招到不错的员工”。从公司角度来看，因为未来的不确定性，因为员工的不确定性，也因为行业内的平均情况，所以给出的薪水，很多时候并没有什么竞争力。所以，在大多数情况下，公司很难招到特别出色的员工，这是一个现实情况。那些最终入职的员工，或许是因为对未来有期许，或许是因为骑驴找马，或许有这样、那样的原因，选择了这家公司。

按照图中箭头指引的方向，我们来看第二个模块Q，即“Staff：no confidence & quit”，意思是员工们对工作和未来失去了信心，就会选择离职。如果薪水缺乏竞争力和吸引力，哪怕很多人一开始选择接受并入职，工作一段时间后，也会觉得既没前途，也没“钱途”，会考虑换个地方，换个平台，重新寻找机会。这个社会是动态的，大家都在吸收和了解外界的信息，一旦其他公司给予的机会更好，或者薪酬等方面更有吸引力，员工就会做出新的选择。

这样一来，就会给公司带来沉重的打击。如果团队不稳固，人员流动性大，跟客户对接，跟工厂对接，跟团队对接，就容易出现各种问题。老员工流失，新员工进入，这个量如果没有控制好，就会对公司业务产生影响。比如一个项目从开始到结束，换了6任业务员，你让客户怎么想？让供应商怎么看？这个项目还能平稳运行吗？显然是不可能的。因此，或许很多订单就搞砸了，很多机遇就流失了，很多客户会不满，很多项目就夭折了……

如此一来，公司的损失就会很大，也就是第三个模块T——“Company：thin margin”，即公司的利润会越来越少。公司的利润少了，老板和经理人会怎么做？会想尽一切办法来压缩成本，控制损失。他们很可能采取的应对策略就是不再信任员工，很多订单、很多项目、很多核心工作会亲力亲为，或者交给自己人来处理。新来的员工往往会被定位成助理和打杂的角色，哪怕挂着业务员、业务经理的头衔，实际做的事情也接触不到核心业务。

这就是第四个模块W——“Company：worse salary package”，即企业将支付更糟糕的薪酬。

之后，第四个模块W又会导向第一个模块H。因为薪酬待遇更糟糕，所以更难招人，更难招到合适的人。这种周而复始的情况就会出现，最终变成一个恶性循环（Vicious Cycle）。

可能很多经理人会说，我可以在源头阻断恶性循环。比如，一开始我就给出高于行业平均水平的薪酬，这样就容易招到合适的人才；之后，这些人才帮助公司赢得更多订单，服务更多客户，给公司赚更多钱；接下来，公司有钱了，就会加大人力资源的投入，给大家更好的薪水、更多的提成。这样一环扣一环，不就形成良性循环了吗？

这种方式，从思维角度上看，逻辑顺序的确可以走通，但是我还是想泼一盆冷水。理想很丰满，现实很骨感。原因是这里面有一个不确定因素，就是公司内在的问题。这个内在问题包括产品、技术、价格等跟公司核心业务相关的内容。

比如，业务员的确很能干，公司给的薪水也不错，双方本来是很好的雇佣关系跟合作关系，但是可能产品不给力，一直出问题。所以，就算业务员有天大的能力也无法稳住老客户，开发新客户也十分困难。哪怕 H 模块和 Q 模块没有问题，到了 T 模块，公司利润减少，势必无法继续维持给业务员的高薪水，还是会走向 W 模块，改变现有规则，改进薪酬架构，调低薪水和提成，然后继续陷入这个恶性循环。

薪酬架构不是一件小事，它关系到公司的财务成本和人才构成，也关系到公司的风险控制和未来发展。这其中，本就有大学问，绝不可随意决断，更不可等闲视之。

再举一个延伸案例。有些朋友自己做 SOHO，或者给客户做采购代理，同样涉及薪酬架构的问题。按照一般的思路、常规的方案操作，往往会给自己带来很大损失。

案例 2-4

SOHO 或者采购代理的收入模式探讨

我有个学员做 SOHO 有一段时间了，各方面还算马马虎虎，个人能力也不错，几个客户也比较信任他。虽然平时生意不算大，但是基本还算比较稳定，时间上也相对自由。

他的一个德国客户是礼品行业的，是个只有十几个员工的小进口商，很多产品需要在中国采购。这个德国进口商在中国没有办事处，验货、拜访供应商、订单控制和管理，终究不是那么方便。他希望他的老供应商，也就是我那位 SOHO 朋友给他打工，做他名义上的中国办事处，给他处理各种订单事宜。

这位 SOHO 朋友很心动。毕竟自己时间上还算自由，完全可以去跑跑工厂，给客户看货、沟通、验货，甚至负责出货等相关事情，完成两边对接，一方面减少客户的沟通成本和麻烦，另一方面跟供应商搞好关系、积累人脉，也对自己开发其他客户有极大的帮助。

于是，他就有心应下这份工作。客户让他报个价，告知需要多少佣金，以及如何向他支付。这件事情令他无比为难，他感到没法开口。如果按照国际惯例收 5% 的佣金吧，万一客户订单不大，一年下来没做多少单，但是各种前期工作很多，他一次次跑工厂，对方支付的佣金恐怕还不够各种差旅成本。如果开价高一点，直接让对方支付 10% 的佣金吧，或许客户会觉得他狮子大开口，心中会有不满，过去建立的良好合作关系可能就被破坏了。如果收取底薪加提成，等于变相成了对方的员工，就没那么自由了，也不见得划算。而且底薪和提成究竟怎么谈，同样是一个大难题。

他辗转反侧，不知道该如何跟客户谈判，就把情况整理出来，希望我帮他谋划。他想知道，怎么谈才能既不让客户反感，又保障他的利益。

这类问题相信也是很多朋友过去碰到过，或者将来可能会碰到的难题。其实归根结底，这也是薪酬架构的问题。只不过这个薪酬架构，需要设置得更加巧妙才行。因为这里面有太多的不确定性。比如，客户如果明确告诉你，我一年的订单总额大约是60万美元，20多家供应商，30个订单左右，那就很好推算。假设收取5%的佣金，给客户做采购代理，一年的佣金就是3万美元，接近20万元人民币。扣除去20多家供应商沟通和验货的成本、差旅费用，自己到手的或许有12~15万元人民币。这样一来，5%的佣金条件就可以拿来跟客户谈判。

但是很可惜，很多东西是不确定的。

未来订单有多少，客户没法保证，一切要根据市场情况而定。究竟需要多少差旅费用客户也没法保证，因为供应商可能遍布全国各地。需要耗费多少精力来跟单，客户还是没法保证，因为有可能是单一的大订单，也有可能是又小又琐碎的订单，一张订单涉及100款产品，遍布50多家不同的小工厂。

所以，在这种情况下，常规的薪酬架构肯定是不适用的，需要用新的思路去保障双方利益，找到双方都可以接受的平衡点。

这个SOHO朋友想了很久，跟我说，是不是可以跟客户商量，锁定一个大致的订单预期，然后根据这个预期来谈具体的费用和点位?

表面上看，这是合理的，但是实际上，没那么简单，会有相当多的意外。我们举例来说明。

案例 2-5

看似合理，但漏洞百出的谈判方案

假设我是客户，你让我一年保证给你20万美元以上的订单，你就给我提供验货、验厂、跟单、出货等相应的服务，我可能会大致计算一下过去的订单情况，来预期今年和明年的订单情况，如果我认为没问题，或许会答应你。

接下来的两个星期，我可能会跟你磨合，下 3 万美元的订单给供应商，由你负责下单后的沟通、跟单和各种事宜。你很开心，一下子就完成了年计划的 1/7，看来 20 万美元指日可待，甚至很快就会超过这个数字。你对未来充满期待。

在接下来的三个月的时间里，我询价了很多产品，但是都没有确定具体的订单。在这三个月里，你的工作还是照样做，你要跑 17 家我正在沟通的工厂，以及跟进各种新的工厂，一直出差，疲于奔命，耗费大量时间，但是订单还是遥遥无期。我给你的反馈是，我也很想确认订单，但这是市场决定的，我们一直在测试市场，所以目前并没有正面消息，我们还要继续这些前期工作。

又等了两三个星期，你实在忍不下去了，催我下单，说你的时间、精力和费用耗费很多，我必须要下单了。我淡淡回复你一句，别急，这只是开始，我答应你一年 20 万美元的订单，一定会做到。

问题是，到了这个阶段，你还会信吗？

信，可能到了年底，订单金额没到这个数字，你一整年就白忙活了；不信，可能就彻底破坏了我们之间的信任，未来的合作可能就真的不会有了。

所以这种模式，从一开始就是错误的。这副牌不管怎么打，你都是输家，我都是赢家。因为所有的不确定性，都压在了你这边。当然，如果生意不错，订单稳定，那大家都好；但如果生意一般，或者订单不稳定，那所有的前期费用、各种沟通和跟单的成本，就都转嫁到了你头上。

这说明这种薪酬架构是有问题的。针对这个案例，我的处理思路，也就是我建议那位 SOHO 朋友的谈判策略，其实是案例 2–6 这样的。

案例 2-6

平衡双方利益风险的新思维

我想说的是，在验货和验厂方面，客户找的一般都是第三方机构，比如瑞士 SGS 集团、天祥集团（Intertek）、必维集团（BV）、德国莱茵 TÜV 集团。这些公司是根据“man day”来收费的，也就是“每人每个工作日”的报价。一个“man day”，假设是 300 美元，而某批订单，根据具体的数量和产品，可能经过评估需要派两个验货员，用一个工作日去验货，那就要收取两个“man day”，也就是 600 美元，外加一些基本的差旅费用。

这些内容涉及许多第三方认证机构的收入和内部机密，我只能点到为止，不再展开分析。按照这个思路去谈判，客户就能明白，你知道具体的市场行情，也很专业。

如果要跟客户谈验货和验厂方面的内容，就必须要强调自己的专业性，让客户知道很多东西我明白，比如验货的流程、AQL 标准，过去多年我积累的经验很丰富，可以帮客户做好品质管理。费用方面，虽然我没有第三方机构那么专业，但是收费也便宜，我只收取 50 美元一个“man day”，您可以试一两单，决定以后是否继续让我来负责这项工作。

接下来，就是通过具体的验货、专业的报告、对于品质的把控、细节的处理等去征服客户，让他相信，我是靠谱的，是可以胜任这项工作的。如果彼此间的沟通和对接都完成得很好，信任的程度就会大大加深。

这时，我再给客户提供之前的方案，比如按照 20 万美元的年订单总额制订方案。如果客户一年下单金额在 20 万美元以上，我可以按照 5% 的佣金来收取提成，包含 30 个订单的验货费用。如果超过了 30 个订单，超出的部分还是按照 50 美元一个“man day”来收费。

那究竟怎么计算呢？同样很简单。一开始，按照 50 美元一个“man day”来收费，一笔一笔地收取费用，或者月结。第二年的 1 月初，我会给客户统计一下，过去一年的订单总额是多少，有没有到 20 万美元。

如果不到，比如才 14 万美元，那就不好意思了，根据我们的协议，我过去收取的每一笔验货和跟单的费用，就这样了，不再退款。

如果计算之后发现超了，有 23 万美元，那好，再统计一下去年一整年验了多少次货，有没有到 30 个订单。比如是 33 个订单，那额外的 3 个订单，我需要根据“man day”收取费用，其他 30 个订单，按照销售总额的 5% 收取佣金，多退少补。如果最终算下来，多收了客户 1 800 美元，我会给客户退款，或者在下一年的服务费里，扣除这笔款项。

（案例引自毅冰米课微信公众号：iceyibing，毅冰原创）

这就是我的谈判思路，把一些可能产生问题的地方，事先做好处理并规避，而不是出了问题再去研究如何应对，结果手忙脚乱，狼狈无比。

办法是人想出来的。所谓的思维缜密，也不过是钉子碰多了，亏吃多了，自然而然产生的智慧，从而知道通过量化实现全盘把握和细节控制。

所以我在这里，用一整节的内容列举图表、案例，其实都是为了抛出我的一个观点：薪酬架构是大学问、大难题，如果处理不好对企业是致命打击。这一节的内容，也可以看作是一个引子，为了引出下面两节的内容——“激励性薪酬福利架构的设置技巧”和“游戏规则的关键在于执行”。

第三节

激励性薪酬福利架构的设置技巧

根据第二节中的 HQTW 模型，许多外贸企业为了避免形成恶性循环，同时也出于成本控制和风险控制方面的考虑，往往对业务人员采取底薪加提成的薪酬模式。这里面，大多数是低底薪配合高提成，以此来降低企业的初始成本，控制风险。

虽然大家不见得从一开始就可以从宏观层面考虑薪酬模式，甚至归纳出类似的模型，但是在潜意识里，大家规避恶性循环的想法是不谋而合的，所以才能有针对性地去设计应对策略，想出这一套降低风险的方法。在过去那么多年里，这套方法也被现实证明，不见得行之有效，但起码可以迅速复制，被更多初创企业使用。

我想说的是，这个模式看似合理，也被大量外贸企业采纳，但是却隐藏了相当大的风险，这是许多经理人很难设想到的。

案例 2-7

低底薪、高提成模式的巨大缺陷

在中国的外贸行业中，虽然有不少大公司、大工厂，但是同样存在着大量的中小企业、外贸 SOHO。后者如何扩张和发展？如何解决企业初始阶段的人才和资金短缺问题？

为此，一些人设计出了一套“智慧型”的解决办法：“低底薪 + 高提成”，来吸引别人给自己打工。这个办法其实很容易分析。因为资金短缺，初创企业、小微企业无力支付行业常规水平的薪水，更不用说更高的薪水，所以注定难以吸引人才。于是，他们采用“羊毛出在羊身上”的方法，有业绩，员工跟公司分享利润；没业绩，公司反正支付的底薪不高，哪怕员工只是跟跟单、打打杂，公司也不至于亏本。

这个方案从表面上看很完美，大概难以找到比它更好的解决办法了。可这里面蕴含了很大的风险，可以简单归纳为以下几点。

第一，如果一开始给予业务员低底薪和高提成的待遇，其底薪可能会随着时间的推移和个人能力的增强而增加，公司的负担依然会增加，低底薪只是暂时的。

第二，如果业务员能力差，高提成毫无意义，因为他拿不到；如果业务员能力强，低底薪毫无意义，因为他看不上。

第三，一旦给予员工高提成，未来就很难再往下降，否则就会造成员工的离职和离心。此外，新入职的员工也会比照过去，长此以往，会造成尾大不掉的局面，公司的利益会被侵蚀。

要是再描述得直白一点，就是一个能力还行的业务员刚入职时，或许老板给他的是 3 000 元人民币的底薪加毛利 40% 的提成。两三年后，他的底薪可能已经涨到 8 000 元人民币，但是提成还是毛利的 40% 甚至更多一些。这样一来，雪坡太短，未来发展空间太小，这个业务员一旦有了一定的人脉和资源，有了一定的资金，或许就会考虑跳槽或者创业。

这个时候，老板根本不可能再给他更好的薪酬待遇。哪怕底薪从 8 000 元涨到 10 000 元，差别也很小，没有太大意义。但是提成部分，总不至于从 40% 提升到 60% 吧？那就不是员工给公司打工，而是公司给员工打工了，根本不现实。

这就是低底薪加高提成的硬伤所在。能力强的人，因为底薪太少，根本不会考虑，会觉得受了侮辱，自身的价值被低估了；能力弱的人，能接受低底薪，也会被高提成诱惑，但是对于公司而言，他们的能力难以达到要求，意义不大。

至于能力还行，暂时没机会的人，或许会接受这样的方案，并因此而一飞冲天，短期内给公司赢得利益。但是长期来看，缺乏职业发展和薪酬继续增长的空间，也就意味着雪坡太短，他能长期给公司服务的可能性会大大降低。

不管从哪个角度去衡量，低底薪加高提成的模式，都无疑是饮鸩止渴。我不建议外贸企业采用这样的办法，而应该重新设计和架构一套科学的薪酬制度，量体裁衣，根据公司的实际情况不断调整。这不可能“一刀切”，要科学地评估员工的实际工作情况，设计一整套可以持续发展且被大多数员工所接受的方案。

所以，我们需要引入外企的那套薪资福利待遇（salary & benefit package）模式，再根据中国外贸企业的实际情况调整，研究出一套可以落地，可以实际应用，也可以平衡企业和员工双方利益和发展的薪酬激励制度。

我们先来看一个案例，关于一家澳大利亚公司在招聘业务员时给出的薪酬待遇。以下是那家澳大利亚企业的招聘广告，我截取了其中的一部分，并且给大家进行了简单的翻译。

案例 2-8

澳大利亚零售商给予业务员的薪酬待遇

What we offer（我们给予的）:

• The opportunity to expand your skills and grow within our business（提升技能以及与公司共谋发展的机会）.

• Strong corporate support and training（强有力的支持和培训）.

• Friendly culture，challenging role（友好的工作氛围，富有挑战性的职位）.

• Attractive remuneration package（相当有竞争力的薪酬制度）.

• Company vehicle or car allowance（公司提供车辆或者用车补贴）.

（案例引自澳大利亚招聘网站 SEEK，https：//www.seek.com.au/job/36377634）

这个澳大利亚公司其实把薪酬待遇拆分成了五个模块，相对科学而且有不少抓人眼球的东西。我们所谓的薪水和奖金提成，无非就是人家的第四条"相当有竞争力的薪酬制度"，一句话点到为止。至于具体是多少、如何计算，自然需要面谈，需要详细、深入的讨论。

对于中国的外贸企业而言，我们不可以设置一整套相对完整的薪酬制度吗？除了底薪和提成外，我们还可以提供什么？很多事情可能很小，很多东西或许可有可无，但是有总比没有好。差异化、竞争力都是需要动脑筋去创造的。

案例 2-9

香港地区某贸易公司的员工调研

我有个朋友是香港地区一家贸易公司的老板。当年他很苦恼。香港地区的人工成本这么高，薪酬很难确定，给多了，会“伤”到自己；给少了，会“伤”到员工。团队凝聚力其实很难通过自上而下施压的方法去实现，更大程度上需要靠员工的自觉性。绩效考核同样是难题，标准定高了，员工不满；标准定低了，企业受损。

他绞尽脑汁地研究在薪水和奖金以外，员工还需要什么、还在意什么。于是，他就在公司内部专门做了一次调研，看看员工究竟渴望公司给他们哪些额外的东西，需要哪些额外的激励。调研的结果是他这个老板根本无法想象的。

（1）员工希望公司配笔记本电脑，这样方便下班后工作。比如回复客户邮件，资料也都可以保存在电脑里；出差的时候，也方便在火车上、飞机上、酒店里工作。虽然人人都有私人电脑，但是大家不希望拿来做公用。

（2）员工希望公司配手机，最好是新款的苹果手机（iPhone）或者三星盖乐世手机（SAMSUNG Galaxy），哪怕作为奖励也好。

（3）员工需要年休假，希望年休假可以根据工作年限和工作表现来灵活调整，而不是固定不变的。

（4）海外员工希望每年能有一次探亲假，公司可以报销往返的经济舱机票。

（5）员工希望公司有手机费补贴、交通费补贴、午餐补贴。

（6）有些员工因为要照顾孩子，希望晚上提早下班，早上提早上班。

……

经过实际的调研，他发现，过去的薪酬制度只是他本人和高管们研究出来的，而他们根本不知道底层员工需要什么，仅仅是从公司的角度出发，简单比较了同行的情况，就弄出了一套薪酬制度。这套制度显然是存在很大优化空间的。

后来，他根据现有的状况，咨询了我的意见后，开始大刀阔斧地改革过去陈旧和呆板的“工资加绩效奖金加年终奖金”模式，将薪酬制度设置得更加科学合理。这样做没有增加多少成本，却得到了员工们的大力拥护，团队合作因此更加紧密，离职率大大降低。

大体上，他把我的建议稍作调整，梳理成五个模块，使其更加直观、更适合香港地区当地的贸易公司。

案例 2–10

香港地区某贸易公司薪酬架构的五项调整

Basic Salary（BS）：基本工资，也就是平时的月薪。这块的薪水会根据个人情况而设置得不同。

Performance Bonus（PB）：绩效奖金。引入 KPI 考核，根据不同职位员工的具体表现和工作情况，来发放不同的奖金。出于激励的原因，这部分的奖金，会设置非常大的梯度，每个梯度间的差距会非常大。

Post Allowance（PA）：职位津贴。比如对有些给公司服务多年的员工来说，这也是一种变相的加薪。设置了职位津贴之后，基本工资方面的微调更容易被员工接受。

Year-end Bonus（YB）：年终奖金。在香港地区，许多贸易公司会给予员工一个月甚至两个月的薪水，作为年终奖金。当然，如果有些员工表现特别出色，或者公司业绩特别好，这个数字还会提升。

Benefit Package（BP）：福利待遇。手机费补贴、交通补贴、工作电脑、假期工作折现等，都可以放入这个模块。

总结起来，这个模式就是 BS+PB+PA+YB+BP，很容易理解和记忆，也便于分层去对应和架构具体内容。这也可以制成图（如图 2-6）来形象地分析。

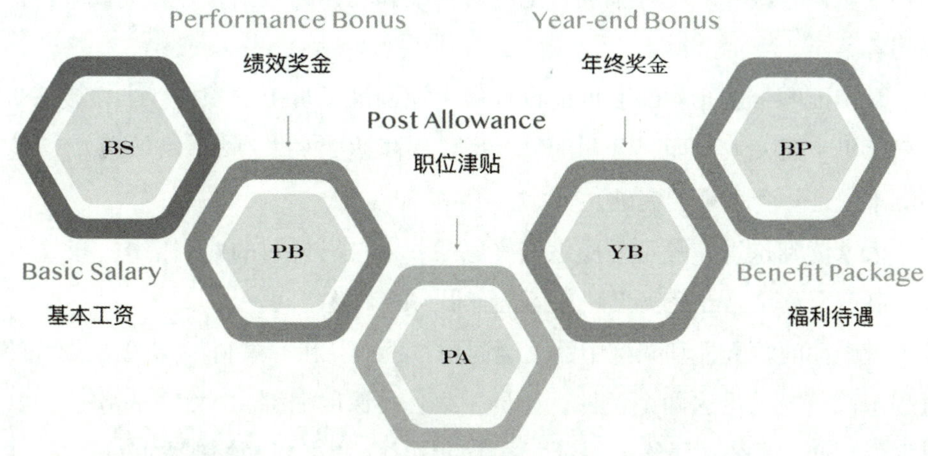

图 2-6 香港地区某贸易公司薪酬架构的五项调整（毅冰制图）

这样一来，简单、直接的薪酬制度就变成了一个复合型的架构，给人的感觉以及其实质性的内容，都变得完全不一样了。

在香港地区，贸易公司的业务员的起薪可能是 12 000 港元，但是工作两年之后基本工资可能就变成了 15 000 港元。如果在没有升职的情况下，大幅增加基本工资，会让新入职的员工觉得自己的待遇不如同等职位的老员工，他们不了解实际情况，难免会有想法。所以，在现有架构下，增加的 3 000 港元，就可以放进职位津贴，也就是职位津贴里，作为对老员工的奖励。他的基本工资还是 12 000 港元，跟这个职位的其他员工保持一致，这样不至于出现混乱。

又比如绩效奖金，可以根据任务完成的情况来发放，也可以根据订单的增加、客户的增加，甚至利润的增加情况来进行额外奖励。所有的考核标准，从一开始就需要详细制定，并让员工知情。这是经理人和老板需要研究和设计的具体模型。

再来看福利待遇。比如提供每月 300 港元的八达通（香港地区公交卡，可用于乘坐小巴、地铁等）补贴，每月 200 港元的电话费补贴，每月 600 港元的午餐补贴等。至于工作一年配工作电脑，工作两年可配新款手机，工作三年获累积忠诚度奖励等福利，也应有详细和具体的方案，并在面试时告知应聘者。

事实证明，这套薪酬制度的设计极大地调动了员工的积极性，在接下来的三年里，无一人离职，公司的复合增长率高达 22%，利润率增长 17%。这不能不说是一个小小的突破。

大家读到这里，是不是应该好好思考一下自己公司的薪酬架构、奖金和福利制度究竟是已经完美无缺，还是有很大的调整空间？

激励性的薪酬福利架构中的关键词是“激励”和“福利”。所以在设计的过程中，需要满足这两个条件，让员工跟公司深度捆绑，大家一起努力，共谋发展，这才是公司最终的愿景。这个问题，值得老板和经理人好好思考。

第四节

游戏规则的关键在于执行

制定规则不难，难的是让大多数人满意，起码不反对；

执行规则不难，难的是让执行者们坚持，起码不反悔。

巧妙制定激励性的薪酬福利架构

在上一节的内容里，我们分析了澳大利亚零售商给业务员制定的薪酬福利制度，以及我国香港地区贸易商给员工设计的激励性薪酬福利架构，相信能激发不少外贸经理人去思考自身的问题，去改善现有的薪酬框架。

这些制度也好、设计也好，貌似很有效，看起来很过瘾，但我们如何根据自身情况落地？如何具体执行？这才是真正的问题所在。别人的东西再好，也是别人的。

我们还是通过实际的内容来分析、探讨外贸企业薪酬福利架构的设置问题。从案例入手更直观，也更容易理解。

图 2–7 中的这位资深业务员，英文名叫 Flora Wang（弗洛拉 · 王）。通过这个工资单可以看出，她的薪水分为 9 个部分：

Example: Flora Wang's Payroll Of Jan.2021 (Senior Sales Rep)		
Basic Salary	3,000	Monthly basic salary
Pay Grade	500	500 RMB as pay grade for senior sales rep (Grade 4)
Post Allowance	450	150 pay raise for 1-year working
Awards	400	Take 2 new customers to our showroom in Dec.2020
Loyalty Rewards	N/A	One iPhone with latest version could be rewarded
Performance Bonus	0	Haven't achieved the target for Q4
Year-end Bonus	3,000	13th month as year-end bonus, to encourage the whole year contribution
Order Commission	27,700	The commission for Q4, 2020 with payment received orders
Benefit Package	900	Allowance: 600 house rental, 200 traffic & 100 cellphone bill
Total	¥35,950.00	Plus 1 iPhone (latest version)

图 2-7　一个资深业务员的工资单（摘录自毅冰米课，网址 https://www.imiker.com，毅冰制图）

案例 2-11

资深业务员 Flora Wang 的薪水构成

基本工资（Basic Salary）：后面备注里写了，这是 monthly basic salary，就是每月的基本工资，是 3 000 元人民币。

职位工资（Pay Grade）：因为她是资深业务员，在公司内部属于第四级别（Grade 4），所以有 500 元职位工资。

职位津贴（Post Allowance）：根据公司规定，每工作 1 年每月职位津贴可以增加 150 元。她这一栏有 450 元，说明她已经给公司服务超过 3 年，如今是第四年。

奖励收入（Awards）：后面有明细。她在上一年的 12 月，带了两个新客户来公司的样品间。根据公司规定，每带一个新客户来公司，就有 200 元的现金奖励，所以这里总共奖励 400 元。

忠诚奖励（Loyalty Rewards）：因为她给公司服务超过 3 年，奖励一部最新款的iPhone。当然，公司在忠诚奖励这块，分为3年、5 年、10 年、20 年四档，工作年限越长，奖励的程度就越高。比如到了 20 年这一档，基本上可以被认定为终身服务公司了，这一档的忠诚奖励或许就是一块 500 克的黄金。

绩效奖金（Performance Bonus）：由于她去年第四季度业绩不佳，没有达到考核标准，所以这一部分的奖金是 0。

年终奖金（Year-end Bonus）：备注部分写的是十三薪，也就是多发一个月的薪水作为年终奖。

业务提成（Order Commission）：这是业务员收入的重要组成部分，去年第四季度，哪怕她没有达到绩效考核标准，业绩提成也有 27 700 元。

福利待遇（Benefit Package）：包括 600 元的房租补贴、200 元的交通补贴和 100 元的话费补贴，总计 900 元。

最后一栏是资深业务员 Flora 1 月份的工资总额，即总收入 35 950 元人民币，外加一台最新款的 iPhone 手机。

这样做拆分是不是更加科学合理？是不是比粗暴的 3 000 元底薪，外加业绩提成有效很多？是不是对员工的吸引力更强？方法都是人想出来的，那些大外企，那些跨国公司，薪酬制度之所以非常科学合理，是因为经过了很长时间的修正。这个过程需要一步步递进，无法一步到位。

我们如今有太多前人的经验可以借鉴、可以参考，可以给自己的企业提供相应的评判标准，这属于“弯道超车”。很多途径别人已经尝试过、经历过、试错过，通过实践证明这条路走得通。

很多人会说，“外企福利真好啊，令人羡慕”“外企待遇真好啊，令人嫉妒”。其实也没什么，我们认真剖析后会发现，这里面更多的是巧妙而科学的设计，让员工可以有发展的空间，让企业可以有调整的余地，内容更加细化，彰显公司的人文关怀和对员工实际情况的考虑。

我建议，外贸企业、外贸经理人多花一些时间在薪酬架构上，要将其设计得更加有激励性，架构得更有可持续发展空间。不是多给钱就有用，而是要把钱花在刀刃上，做到可持续发展，跟公司的利益保持一致。

让提成制度激励到大多数业务员

科学的薪酬福利制度的确重要，激励性的偏向的确能让人心动，但业务人员最关心的核心问题还是自己的业绩提成。说白了，就是我帮公司开发客户，我帮公司接订单，我帮公司赚钱，我能分多少、我能拿多少。

这个问题是没法含糊的，必须一开始就说清楚。在我看来，要让提成制度激励到大多数业务员，需要两大要素：一是透明，二是竞争。

透　明

我们往往会碰到一种情况，就是经理人在招聘业务员的时候，许下各种承诺，比如做得好，年薪起码 30 万元人民币；你好好干，公司不会亏待你；拉来新客户给你按利润的 20% 提成；老客户下订单，可以分你利润的 10%……

但结果，可能是以下这样的。

经理人：小王，我的确说过，做得好，年薪 30 万元人民币没问题。但是你看，你今年的业绩才 200 万美元，还有很大提升空间……

经理人：小王，你好好干，公司不会亏待你的。今年你干得还行，但是公司没赚什么钱，基本上是亏本的，所以，提成的话，你就先拿个 1 000 元回去过年吧……

经理人：小王，新客户你开发得不错，给你 20% 的利润没问题，但是这几个客户，公司也支付了不少成本，以及各种费用，最终算下来，你大概可以分到 300 多元，这样，就给你 500 元吧……

经理人：小王，老客户的订单呢，我的确答应过，分你 10% 的利润，但是，这肯定要你开发了新项目和新订单才有，你不知道吗？现在你做的都是老客户的常规订单，这叫跟单，肯定不能分提成给你了，你还要加油，向老客户开发新项目……

这种误解或者是存心欺骗的情况，造成了公司和业务员之间的极大分歧，导致对方离职，反过来跟公司恶性竞争，甚至是自立门户创业等情况的出现。

我在这里，无意抨击许多公司的提成制度和相应政策，只要一切公开透明，双方对此完全清楚，没有误会，就是合理的。给业务员提成 10% 也好，1% 也好，只要双方沟通好，把细节弄明白，不存在严重的误会和分歧，就都是正常的、可以接受的。

所以要让提成制度激励到业务员，第一条要素就是“透明”。虽然最终解释权在公司手里，但是让业务员完全知情，提成如何结算、具体如何发放，是非常必要的。

我建议，把每个订单的提成计算方式事先谈清楚。比如，利润如何计算？究竟是收汇金额减去采购成本是毛利呢，还是收汇金额减去采购成本，再减去几个点的管理费用，减去快递费和货代费等运费成本才是毛利？这些东西，必须事先说清楚。否则，业务员自己算完，这个订单应该有 5 000 元提成，结果经理人计算器一按，扣这个扣那个，最终算下来，提成变成 50 元了，业务员能满意、接受？能安心工作？

利润的构成本来就有很多不确定因素，因为涉及成本。比如，员工的工资属于人员成本；管理人员的薪酬和公司运营的费用属于管理成本；订单的采购金额属于采购成本；快递费、样品费、杂费属于运营成本；请客户吃饭、送礼、拜访客户属于业务成本……

很多成本可能存在，也可能不存在。但是具体的计算方式，需要公司和业务员事先沟通好，双方完全理解彼此的要求才不至于产生误会。

当然，外贸工厂可能不存在这个问题，因为基本上是按照销售额来提成，非常容易计算。但是贸易公司往往是按照利润来计算提成，那这个利润究竟如何计算，就需要彻底透明化。

图 2-8 是我做的订单利润构成（Orders Breakdown）表格，把利润计算方式明确化和透明化了，给大家作为案例参考一下。

Stacey's Orders With Margin Breakdown

Orders Confirm Date	Customer	Product	Specification	Received Amount	Purchasing Order	Tax Refund	Gross Margin	Orders Running Cost	Margin Exclude Running Charge	
Aug 4, 2020	ABC Inc.	Ceramic mugs	4 patterns, each with white box package & barcode label	$71 000	¥404 000	13%	...	...	...	¥10 275
Oct 7, 2020	Walgreen	...	...	...	...	...	...	...	...	...
Dec 8, 2020	Target	...	...	...	...	...	...	...	...	...

图 2-8　业务员 Stacey 的订单利润构成（摘录自毅冰米课，网址 https://www.imiker.com，毅冰制图）

这个案例中的计算方式十分简单，提成是按照利润的 30% 来收取的。至于毛利如何计算，这里也明确了，即收汇的金额减去订单的采购金额，加上退税部分的收益。毛利扣除订单运营成本，也就是订单操作过程中产生的快递费、货代费用、杂费，这些都是可以透明化地计算出来的，剩下的就是用作计算提成的“净利润”。用这个净利润乘以 30% 得出的金额，就是业务员 Stacey（斯泰西）这个订单的提成。

我还是那句话，提成比例，经理人和员工可以商量，可以调整，这都不

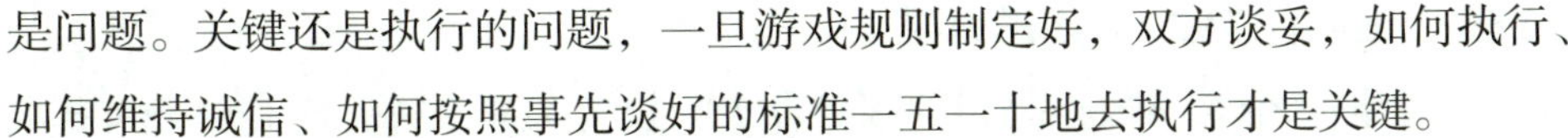

是问题。关键还是执行的问题，一旦游戏规则制定好，双方谈妥，如何执行、如何维持诚信、如何按照事先谈好的标准一五一十地去执行才是关键。

竞 争

这个竞争指的是业务人员之间的内部竞争。

一旦规则设定好，而且执行情况透明的话，就需要进一步调动大家的积极性，引入内部竞争。

比如，引入团队和团队之间的业绩竞争机制，公司可以设定一些奖励；比如，激励年底前的业绩冲刺，公司可以用实物奖励……就是通过一些小活动来调动大家的积极性，推动业务员去拿更多订单，转化更多客户。

除此之外，还有一个很重要的方法，我把它称为“让其他人眼红”。具体请看图 2–9：

Sales	Turnover (Q4. 2020)	Purchasing Cost	Orders Running Cost(courier charge, forwarding cost & sampling fee)	Margin (exclude running charge)	Rate of Margin	Order Commission
Stacey	$144,000	¥931,050	¥27,500	¥244,560	21.3%	¥73,368
Michael	$53,000	¥194,000	¥2,800	¥172,000	39.2%	¥51,600
Kelvin	$29,000	¥171,000	¥920	¥26,400	12.8%	¥7,920
…	…	…	…	…	…	…

图 2–9 让其他人眼红的方法（摘录自毅冰米课，网址 https://www.imiker.com，毅冰制图）

其实说穿了，就是把所有业务员的提成收入公开化。比如 Stacey 做得不错，去年第四季度订单的平均利润有 21.3%，她的提成高达 73 368 元人民币；比如 Kelvin（开尔文）做得一般，总销售额才 29 000 美元，平均利润是

12.8%，提成是 7 920 元人民币……

我会把这个表格放在公司的服务器上，设为共享文件，所有业务员都可以看到。也就是说，业务员除了能看到自己的业绩和提成收入之外，也可以看到其他人的业绩和提成收入，这样可以通过收入好的员工来刺激收入一般的员工，让收入一般的员工自己暗自努力，知耻而后勇。

我们假设一下，一个新业务员可能业绩不错，第四季度的提成有 3 万元；而一个老业务员可能业绩不太好，第四季度的提成不到 2 000 元，这个老业务员会怎么想？如果在提成比例、公司支持都一样的情况下，老业务员一定有那么点眼红对方的高收入，同时会暗自努力，跟自己较劲，接下来全力以赴，争取下个季度把难啃的几个客户拿下，拿一次高提成。

所以，这里面的关键就是引入竞争，让业务员之间内部竞争，让团队之间良性竞争，让大家通过竞争给公司争取更大的利益，也给自己争取更高的收入。

打鸡血的同时再加上一把火

把激励性的薪酬福利架构设置好后，在执行的过程中，还需要掌握一些技巧。即便你的方案再有诱惑力，时间长了，效果也会下降。

举个例子。业务员第一次拿到提成的时候，或许会很兴奋、很开心，会去大吃一顿庆祝一下。但是时间一长，这种边际效用会递减，拿提成会变得理所当然，业务员会习以为常。

再举个例子。一个普通的业务员在第一次看到自己业绩一般，其他同事业绩都超好的时候，或许会有一些要努力上进的想法。但是努力几次后，他发现自己与别人的差距不小，别人的业务做得风生水起，自己的业务不温不火，可能慢慢就淡然了，会开始接受现实，有混日子的想法。

在这种情况下，除了引入内部竞争来调动员工积极性外，还需要用一些刺激性的手段，再用力推他一把。

案例 2-12

我们需要一场秀

奖金这东西，跟钱有关。那最大的刺激是什么？其实是现金。

这就好比你去购物，一个高档皮包在香港专柜的标价可能是 4 万多港元。你拿出信用卡，刷卡消费，或许并没有太强烈的感觉；可如果你拿出 4 万多元现金，你就会感觉到，这包真不便宜，要那么多真金白银才能换回来。

公司奖励员工也是一样的道理。一个业务员的提成是 5 万元人民币，另一个业务员可能并没有太直观的感觉，只是通过报表知道谁的收入不错，比自己多。可如果改成现金奖励呢？

我曾经就尝试过用现金的方式发放提成。比如，上一季度的提成全部结算出来以后，我们开会，先简单了解各位业务员现有的客户和订单情况，然后发放上一季度的提成。我让财务准备好现金，在会议室，根据报表统计出来的数字，直接发放现金。

虽然现金都是事先数好的，一般不会错，但我还是故意当着大家的面，拿着一台点钞机，边点钞边发放提成。

在这个过程中，大家会发现，做得好的业务员有 7 万多元人民币的提成，换成现金居然是如此厚厚的一叠，可以装满一个快递袋。这种视觉上的冲击是十分惊人的。这就是为了刺激其他业务员，让他们眼红，让他们接下来继续拼命地争取更多客户，拿下更多订单。

这套制度并不是我原创的，而是我从一个世界 500 强企业的上海分公司学来的。那是一家赫赫有名的美国电脑公司。

我常说，做销售要有狼性，要敢抢敢拼。这个时候，如果再辅以一些手段去激励和刺激，效果往往会无比惊人。

整套激励制度最大的危机

这一整套激励制度貌似一环扣一环，层层递进，但也不是全无漏洞，这就需要我们在实际工作中去调整和弥补。

这其中最大的危机，经理人必须要警惕和避免，一旦这个事情做不好，可能所有前期的架构都是白费力气。

这个危机用两个字来表述就是：诚信！

经理人答应的事情要做到，要履行承诺，要维持信誉，要全力执行，这套机制才能良好运转下去，形成良性循环。

所以，游戏规则的关键在于执行。

MBA经典案例
德国巴斯夫集团的员工激励五项原则

德国巴斯夫集团（BASF SE，以下简称巴斯夫）是一家拥有超过 150 年历史的化工企业，也是如今全球最大的化工集团。巴斯夫的前身是巴登苯胺苏打厂（Badische Anilin & Sodafabrik），后来逐渐成长为横跨化学品、特性产品、石油与天然气、功能性材料与解决方案、农业解决方案等多领域的化工企业，曾被美国《财富》杂志评为“全球最受赞赏的化工企业”。

巴斯夫的成功有多方面的因素，但在如今全球竞争激烈和发展中国家带来的价格压力增大的情况下，巴斯夫依然能够保持高增长，其优秀的研发能力和管理水平——公司的核心竞争力功不可没。

MBA 教材往往会提到巴斯夫的员工激励五项原则，认为这是它们内部的软实力所在，也是其长期保持高速增长，通过管理来提升效率的奥妙之处。

抛开大量的数据和各种解读，我们可以把这神秘的五项原则用几句话来进行简单的归纳和梳理。

原则一：分配给员工的工作要符合他们的个人能力和工作负担能力。

原则二：制定公平的薪酬制度，充满激励性。

原则三：给员工全方位培训，大多数职位采用内部晋升制度。

原则四：改善工作环境和安全设施，以人为本。

原则五：采用“合作态度”的领导方法。

这五项原则看似简单，却奥妙无穷。

毅冰说

相信不少做外贸的朋友，都知道巴斯夫这家德国公司，甚至很多做化工的朋友，还是巴斯夫的供应商，通过具体的合作和沟通，感受过他们的专业。

我们要明白，一个大公司的成功不是在一朝一夕间达到的。一个企业有再好的产品、再好的团队，如果没有极其出色的管理制度，把那么多人凝聚在一起，使其长期稳固并积极维护公司利益，也会最终湮没在时间长河里。

巴斯夫的五项激励原则，其实完全可以应用在我们外贸企业里。从工作内容到工作量，从激励性薪酬制度到全方位培训，再到以人为本、合作态度，哪一条不重要？哪一条不能应用？

很多道理明白归明白，如何具体落地才是外贸经理人需要考虑和研究的。

对于本章内容，你有哪些感触和想法？如何执行落地？

不要犹豫，把它们写下来吧！

第三章

团队架构与标准作业

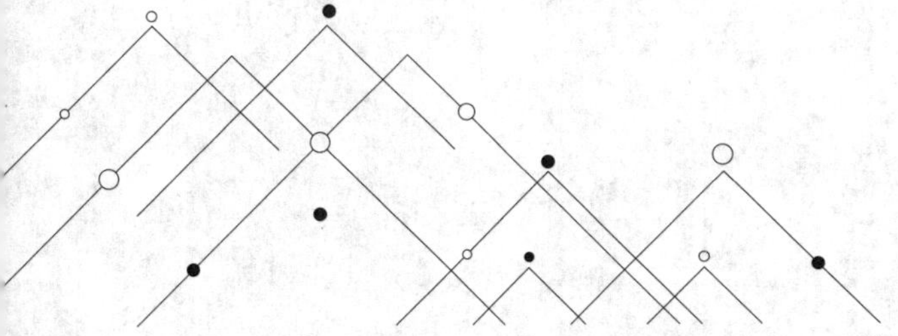

第一节
平台搭建与团队管理

外贸行业的确有不少精英，哪怕在恶劣的环境里，他们也能够找到机会，找到出路。哪怕资金、人脉、能力、客户都欠缺，他们往往也能通过自己的努力和勤奋拼搏出一条路来。对此，我是十分佩服的。

但我还是想说，个人能力再强，也是有限的，终究会碰到天花板。原因很简单，就是时间的限制。一个人每天拥有的时间只有 24 个小时，哪怕精力再充沛，工作效率再高，也会有一个极限。

换言之，一个厉害的业务员，哪怕工作效率是普通业务员的三倍，也只能完成一定量的工作。即使他最出色、最勤奋，工作效率是普通业务员的五倍，他所能完成的工作量也只有这么多。有没有可能一个人做十个人、二十个人的事情？显然不可能。这就需要团队来配合，彼此间发生化学反应，产生一加一大于二的叠加效应。所以平台搭建、团队管理，就变得不可或缺。

搭建广义上的平台，筑巢引凤

《战国策》中的《燕策一》，讲了郭隗与燕昭王奏对的故事，其中有这样的描写：

郭隗先生对曰："帝者与师处，王者与友处，霸者与臣处，亡国与役处。诎指而事之，北面而受学，则百己者至。先趋而后息，先问而后嘿，则什己者至。人趋己趋，则若己者至。冯几据杖，眄视指使，则厮役之人至。若恣睢奋击，呴籍叱咄，则徒隶之人至矣。此古服道致士之法也。王诚博选国中之贤者，而朝其门下，天下闻王朝其贤臣，天下之士必趋于燕矣。"

昭王曰："寡人将谁朝而可？"郭隗先生曰："臣闻古之君人，有以千金求千里马者，三年不能得。涓人言于君曰：'请求之。'君遣之。三月得千里马，马已死，买其首五百金，反以报君。君大怒曰：'所求者生马，安事死马而捐五百金？'涓人对曰：'死马且买之五百金，况生马乎？天下必以王为能市马，马今至矣。'于是不能期年，千里之马至者三。今王诚欲致士，先从隗始；隗且见事，况贤于隗者乎？岂远千里哉？"

于是昭王为隗筑宫而师之。乐毅自魏往，邹衍自齐往，剧辛自赵往，士争凑燕。燕王吊死问生，与百姓同甘共苦。

二十八年，燕国殷富，士卒乐佚轻战。于是遂以乐毅为上将军，与秦、楚、三晋合谋以伐齐，齐兵败，闵王出走于外。燕兵独追北，入至临淄，尽取齐宝，烧其宫室宗庙。齐城之不下者，唯独莒、即墨。

这几段文言文大致的意思如下。

郭隗对燕昭王说："成就帝业的国君以贤者为师，成就王业的国君以贤者为友，成就霸业的国君以贤者为臣，行将灭亡的国君以贤者为仆役。如果能够谦卑地侍奉贤者，屈居下位接受教诲，那么才能超出自己百倍的人就会到来；早学习晚休息，先去求教别人，而后默思，那么能耐胜过自己十倍的人就会到来；别人怎么做，自己也跟着做，那么能耐与自己相当的人就会到来；如果凭靠几案，拄着手杖，盛气凌人地指挥别人，那么供人驱使、跑腿当差的人就会到来；如果放纵骄横，行为粗暴，呵骂训斥，那么就只有奴隶和犯人会来。这就是古往今来实行王道和招揽人才的方法。大王若是真想广泛选用国内的贤者，就应该亲自登门拜访，天下的贤人听说大王的这一举动，就一定会赶着到燕国来。”

燕昭王问：“我应当拜访谁比较好呢？”郭隗说：“我听说，古时的一位国君想用千金购买千里马，三年都没有如愿。宫中有个近侍对国君说，‘请将这件事交给我去办吧’，国君同意了。三个月后，近侍果然找到了千里马，只是马已经死了，他花了五百金买了千里马的头，回来向国君复命。国君大怒，‘我要的是活马，不是死马，为什么要花五百金去买？’近侍说，‘买死马尚且愿意花五百金，更何况是活马呢？这样一来，天下人都会认为大王你擅长买马，千里马很快就会到手了’。于是不到一年，就有三匹千里马被送来。大王如果真的要招揽人才，那就从我郭隗开始吧。我都可以被重用，更何况比我强的人呢？他们难道还会嫌千里的路程太遥远了吗？”

于是燕昭王专门为郭隗建造了房子，并拜郭隗为师。此后，乐毅从魏国赶来投奔，邹衍从齐国赶来投奔，剧辛从赵国赶来投奔，贤能的士人争先恐后聚集于燕国。燕昭王还祭奠死者，慰问生者，与百姓同甘共苦。

到了燕昭王二十八年的时候，燕国国力强盛，国库殷实，士兵们精神振奋，不怕打仗。于是燕昭王拜乐毅为上将军，与秦国、楚国、韩国、赵国、魏国（战国时，韩、赵、魏就是从春秋时的晋国分家而来，所以也称“三晋”，毅冰注）联合谋划攻打齐国。结果齐国大败，齐闵王出逃。燕军又单独追击齐国败军，一路攻打到齐国都城临淄，掠走齐国的全部珍宝，烧毁宫室和宗庙，仅仅剩下莒和即墨两个城池没有攻破。

这段典故，其实讲的是燕昭王复仇的故事。燕昭王即位时，燕国国力衰败，被齐国打压得不行，离亡国也就一步之遥。于是他拜访郭隗，得到的建议是，只有搭建一个好的平台，礼贤下士，不惜重金，才能招揽人才。郭隗用“千金买马”的典故告诉燕昭王，要做足形象工程，广而告之，让别人心动，人才才能主动靠拢过来。

所以，才有了历史上“燕昭王筑黄金台”的典故，乐毅、邹衍、剧辛等人才争相投奔燕国，若干年后，燕国凭借强大的国力，击破齐国，报了一箭之仇。

这个小故事可以给外贸企业的经理人什么启示？

我觉得，有两个方面的内容：第一，企业要“舍得”，有舍才有得；第二，要招揽人才，并给予对方施展才华的空间。

舍得的问题

创业靠一个人是不行的，必须依靠团队的力量，用“团队力量”去对抗“单兵作战”。

搭建团队需要分享和付出。分享，就要割舍一些东西，要付出努力，要花费时间和精力。只有这样，才有可能把团队的架子搭建起来。

小企业、初创公司和SOHO，根本不具备大公司的实力，那就更需要在某些地方下血本。大企业给员工带来的是“现在”，是稳定的收入和被人认可的职位。那么，小企业如何招揽人才？小企业给的是“未来”，是以后的发展空间和利润分享的权利。

在大公司工作，大部分人都是“螺丝钉”，是精密机械中的一个小零件，贡献极其有限，没有你，也有无数的替代者可以顶替你的位置，企业的收益跟你个人没有太大关系。在小公司工作，你或许起步没有那么轻松，没有良好的收入，没有令人艳羡的职位，但你的贡献或许真的是公司所渴望的，公司可以给的或许是未来的发展，是共享利益，是与公司在一条船上的一荣俱荣的紧密联系。

小公司更需要经理人和企业主有大格局，要舍得付出，才能聚拢人心。舍弃部分利益，得到的或许是更大的蛋糕。

平台的问题

什么是广义的平台？

我的理解是，企业给予员工的薪酬待遇、工作支持、技能培训、发展机遇……这种整体意义上的支持和后援，让一个人的职业生涯得以发展和上一个台阶的东西，就是广义的平台概念。

企业要招揽人才，要打造团队，仅仅依靠还算可以的薪酬，依靠胡吹乱侃的忽悠，只能留住人一时，无法让他们真心融入自己的团队和公司未来的发展中去。

所以平台的好坏，往往决定了公司能否长远发展。公司的领导人，部门的经理人，仅仅局限于眼前的工作是远远不够的，还需要考虑未来的架构和可能产生的变故。哪怕再坏的状况，也要事先有预案，有起码的应对策略，而这些东西，都是需要人来完成的。经理人的个人能力再强，如果团队是一盘散沙，那战斗力绝对有限，是无法产生量级变化的。

我们说"筑巢引凤"，但你要先有一个像样的巢，才能够吸引凤凰。如果这个巢破破烂烂，经不起任何风浪，哪怕凤凰来了，也很快会走，最后最多只留下两三只乌鸦，有何意义呢？

平台吸引人才，格局定义未来。

避免架构上的误区，步步为营

有些经理人或许会认为，管理不就是管人吗？我只要招聘人才，不断吸引新鲜血液，组建业务团队，把人员配置做完善，不就高枕无忧了吗？

这种想法不完全对。很多时候，会出现冗员，简单的事情会被复杂化。

案例 3-1

生搬硬套的管理制度根本无法落地

我曾经的老东家，七个业务组独立运营，采购部门和单证部门为这几个业务组提供协助，架构很完善，业绩也相当不错。我最初设置的是一个亦松亦紧的管理策略。松，是因为部门与部门之间相对松散；紧，是因为部门内部紧密协作，团队内部相互配合。

实践证明，一个企业有相对松散的架构不一定是坏事，毕竟每个公司的情况不一样。这就好比美国，它也是松散的联邦制，难道说，美国就发展受限？未必，我们要根据实际情况来考虑问题。

后来，那个公司的老板上了一些管理总裁班之类的课程，被洗脑了。他一回来就要重新定义公司的管理制度，弄了一套学院派似是而非的东西，听起来很有道理，但是实际操作起来一塌糊涂，除了浪费人力资源，造成重复劳动和资源错配，根本就没有多少价值。

比如，实行所谓的“三三制”，即每个业务员一定要配跟单员和采购员，三个人组成一个团队。至于单证，可以游离于部门外，实行外包的管理。

比如，每个部门专门招聘人员担任考核经理，每天统计数据，时时记录，专门负责部门内员工的工作考评。

比如，引入绩效专员，专门负责制定每个部门和每个员工的工作职责判定和考评标准，每周总结汇报，开例会分析。

比如，增加人事专员，打造“大人事部门”，引入竞争机制和培训制度，大量招聘业务员，设置内部 PK 制、淘汰制、混合竞争制等，让人员任意流动。

……

这一套看起来有道理的管理制度，根本没有经过实践的检验就强行推出，结果自然是出现了一堆问题。不到半年，老员工流失率达到了 60% 以上，新员工增加了 200% 都不止，公司内部一片混乱，业绩掉了一大半。等到老板意识到这种看似美好的制度根本行不通的时候，再想扭转回来，已经晚了。

我不是要贬低别人，或者是嘲笑某人，我只想表达一个观点：生搬硬套的管理制度是无法适应自己的公司的，因为其根本不可能完全落地。

每个公司都有独特性和唯一性，所以，管理制度根本不存在可复制性。在其他公司用得顺手的制度，换一个公司，换一个团队，可能结果就大相径庭，经验主义只会害死人。

管理者千万要警惕的一点是，自己在某个公司的成功经验，不见得就能适用于下一个公司。这就好比“业务 + 跟单 + 采购”的三三制方案，的确适合成熟的大贸易公司，每个业务员有单独的采购员负责询价，有跟单员跟进订单和处理琐事，效率会很高。但是大多数中小企业，根本就没有那么多的固定客户和新客户询盘，在初始阶段，由几个采购员组成的采购部门，足以满足所有业务员的需求。如果员工在大多数情况下没活干，就是资源的浪费。

管理架构要立足于当前的现实，跟公司的发展相契合，要一步一步地调整。想要一步到位，往往受伤的是自己。欲速则不达。

优化资源上的配置，日臻完善

经理人在管理团队时，需要特别注意的一点，就是资源的有效配置。

微观经济学的开篇告诉大家一个最直接的经济学原理：资源是稀缺的。这是经济学的核心思想。小到个人，中到企业，大到国家，乃至这个世界，资源都是稀缺的。

对于一个企业而言，技术也好，人才也好，资金也好，都不可能无限扩充。哪怕世界 500 强企业的前几名，各种开支、各种项目、各种投资加起来，同样会使其成为一个恐怖的烧钱机器，让其面临各种危机和困难，有可能一个失误就无法翻身。每个公司都缺钱、缺人。哪怕表面上充裕，那也是暂时的，没有一个公司能说自己永远不缺钱，永远不缺人，这不现实。

任何时候，钱都是需要人来挣的。一个公司的人才构成和人员储备，往往决定了它未来的发展，这是毋庸置疑的。所以，我们强调管理，看重管理，说白了，我们看重的是人才，是资源。

管理，并非某些经理人想象中的成本控制，通过压榨劳动力和压缩生产经营环节的各项开支和利润，来赢得更多收益。那太狭隘了，也容易把我们的思维带进死胡同。我们要做的，其实是一个非常复杂的大工程，那是从低效率向高效率转变的过程。

怎么说呢？这就好比过去，服装企业需要招聘裁缝，让裁缝一件一件去缝纫衣服，效率和产出自然有限，也难以形成规模经济。引入了流水线作业以后，工厂的管理要求变得更高，品质变得更加稳定，关键是效率大幅提升，并带来了价格的大幅下降。这就是为什么手工制作的东西逐渐在现代社会变为高档商品的原因。在低端市场，手工制作已经无法跟管理完善的流水线作业竞争。

管理的优化在某种意义上，就是资源配置的完善。

我们搭建平台，是为了筑巢引凤；我们调整架构，是为了完善团队；我们优化配置，是为了提升效率。这本身就是一环扣一环的，是无法完全分割开，或者单独处理的（如图 3-1）。

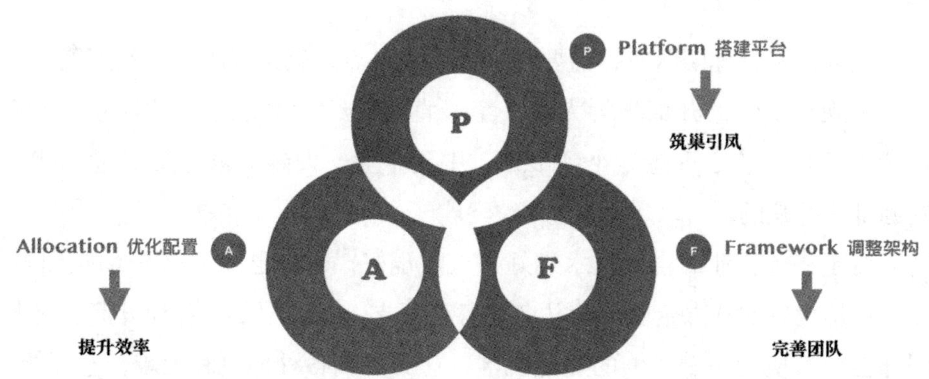

图 3-1　平台搭建与团队管理 PFA 模型（毅冰制图）

管理本身就是通过效率来争取利益，避免资源浪费、错配，从而获得额外的价值和利润。平台搭建也好，团队管理也罢，都是为了这个目标而服务的。

第二节
制定标准作业流程的迫切性

在本书第一章的第四节，我们提到了一个团队管理的万能公式：

团队管理 = 标准作业流程（SOP）+ 关键绩效指标（KPI）+ 激励制度（IMM）

这个万能公式中的第一环——标准作业流程（SOP）是一切的基础。如果没有这一项，后面的绩效考核和激励制度就会变成空中楼阁，很难执行下去，经理人也很难把管理做好。

前面我们以肯德基为例，简单分析了标准作业流程的重要性。SOP 是为了控制品质，为了减少失误，也为了使产品和服务在客户面前保持一致性。其实对于外贸企业来说也是如此，不管是对以制造为主的工厂，还是对以服务为主的贸易公司，标准作业流程都同样重要。

产品需要 SOP 来控制品质，服务需要 SOP 来控制细节，员工需要 SOP 来规范操作，公司需要 SOP 来创造价值。

这一切的一切，都无法绕开“标准作业流程”这六个字。这里面的大学问，值得经理人用心去钻研，去给自己的公司和团队定制相应的“标准作业流程手册”（SOP booklet）。

让新员工通过 SOP 尽快上岗

一个外贸企业，时不时会有新同事入职，会有新员工上岗。这很平常，但令大多数经理人头疼的是“如何让新员工尽快上手，尽快融入团队”。

不管是应届生参加工作，还是有一定工作经验的老手跳槽过来，首要的问题，都是如何尽快开展工作。因为公司招聘员工是为了让他来做事，给公司分担工作，不可能给他很长的时间去参加培训，慢慢磨合。哪怕是那些大外企的管培生（management trainee），一般也就是进行一年左右的全方位培训，包括在各个部门的实习，基本上从第二年开始，他们就会被分配具体的职位。

换言之，员工的磨合期越久，适应期越久，学习期越久，企业支付的成本就越高。这其中，除了时间成本、金钱成本外，还有难以具体量化的机会成本，这些加起来或许就是一笔非常昂贵的费用。那我们就来算一算，一个缺乏标准作业流程的企业，上岗一名新业务员，究竟需要多少成本。

案例 3-2

缺乏 SOP 的高成本支出

我的朋友老宋在东莞经营一家小工厂，给日本客户做塑料产品的贴牌和代工。

老宋比较精明，信奉按劳分配，不愿意给员工支付看不到收益的薪水。比如，底薪 5 000 元，他是绝对不愿支付的。在他看来，花 5 000 元雇佣业务员，不见得能获得相匹配的收益，亏本的风险等级太高。如果雇佣 10 个业务员，每个月就要产生 5 万元的成本，如果没什么订单，那每个月就要净亏损 5 万元，再加上社保和一些杂费，可能每个月，这 10 个业务员就要让他亏损 8 万元。

他采取的办法是，低底薪配合高提成，只支付业务员 2 500 元的底薪，但是提成可以给到销售额的 2%。老宋得意地说：“哪怕业务员一个订单都做不出来，我每个月养一个业务员的总开支也就不到 3 500 元。他起码可以跟跟单，做些别的事情，为开发客户做做铺垫。所以怎么算，成本都不高。而且一旦订单量做起来了，公司的投入就都回来了。”

我不这样看。我给老宋算了一笔账：“表面上，你的人员开支的确很小，一个员工月投入不到 3 500 元，哪怕 10 个员工，也就是 35 000 元而已。但是我问你，你的一个业务员，大约需要多长时间才能开单？在你什么都不培训，不提供支持的情况下。”

老宋想了想，道：“一般三四个月，有些更久。”

我问：“好，有些三四个月，有些更久。那我就按照四个月来计算，你在一个业务员身上的投入，是 14 000 元，没错吧？”

老宋表示同意。

我继续给他算账：“在那 4 个月里，我相信很多人是撑不到最后的。有些人，可能一个月就走了；有些人，可能 3 个月辞职；有些人，可能 4 个月刚到就离职了。这个成本，你考虑过吗？假设离职率是 50%，平均一半的人在入职 3 个月时辞职，那么，你的浪费率是 50%，浪费成本是 10 500 元。”

老宋默不作声，他知道，外贸企业的人员流动率并不小，真实情况甚至会更糟。

我继续假设：“一年下来，进来又离开的业务员，假设有 30 人，而这 30 个人给你带来的产出或许很小，却消耗了你 30 多万元的成本。或许在你看来，这个费用并不算高，毕竟还有 50% 的员工是可以做出业绩，是会留下的，可以用他们带来的利润来贴补离职人员的薪酬损耗。但是很显然，这就是一种劣币驱逐良币的现实。”

他点点头，示意我继续。

我帮他分析：“所以，这个模式看起来节约，却缺少工作上的培训和标准作业流程，业务员说好听点是自力更生，说难听点是自生自灭，这样造成的时间和金钱浪费，比想象中的会高很多。这本来就不是一个好模式。”

我相信老宋的情况并不是个案，而是大多数中国外贸企业的现状。“一叶落而知天下秋”，很多事都是从细节中看出来的。

可能很多经理人会觉得，你如果在员工培训和标准作业流程的制定上增加开支，就势必需要引入绩效考核，各方面的情况就会变得更加复杂。从成本角度考虑，这个费用会高出不少，这不就进一步加重了企业的负担吗？

非也非也。我们继续通过老宋的案例，通过数据来分析问题。

案例 3-3

执行 SOP 后的惊人效果

后来，老宋被我弄糊涂了，觉得我说的那一套，听起来好像很有道理，但是又不确定是否真的可以在公司执行。毕竟很多民营企业，对于外企的那套模式，还是不太认同的，总觉得它们是财大气粗，有钱任性，不懂得节约。

最后，他同意按照我的建议尝试一下新的策略，开始执行业务员入职的标准作业流程，先试三个月，看看效果，再决定是不是应该放弃。他的大致方案是这样的：

第一，业务员入职后，一律按照试用期底薪 3 500 元，转正后底薪 3 000 元执行。理由是，刚入职需要时间磨合，所以会增加前期的底薪。

第二，入职第一周是培训期，需要学习产品知识，了解公司现有业务和客户、海外市场以及相关的供应链情况。

第三，入职第二周是体验期，需要了解 QC 和 QA 的相关流程，并且熟悉产品的生产和装配，拜访上游工厂，了解原材料和配件的供应情况。

第四，入职第三周是过渡期，需要开始跟进公司现有的客户，协助老业务员和业务经理处理跟客户有关的细节问题。跟单变得很有必要，通过实践来熟悉前两周学习的东西。

第五，入职第四周是执行期，需要员工在公司的支持下直接开发客户，跟客户打交道。公司会提供相应的网络平台、海关数据、过往展会客户名片等，给业务员用作客户开发。同时，公司会提供相应的业务经费，只要是能够给予到付账号的潜在客户，公司一律为其提供免费样品。

第六，入职第五周和第六周是考察期，经理人会根据业务员入职这几周的表现，来为其分配合适的职位，比如是做初级业务员，还是高级业务员。前者，按照公司流程，一步一步开展工作；后者，可以获得更优厚的支持，比如国内外的参展机会、一定的业务经费、拜访客户的机会、更多的价格和付款方式倾斜等。

结果，为期六周的标准作业流程（6 week SOP process）下来，老宋激动地告诉我，新招的七个业务员，就走了一个，其他六个都做得不错，都开单了，再配合完整的薪酬制度，他们每个人都信心十足。这才是真的省钱啊！

上面两个案例告诉我们，新员工最难的就是在公司里不知道干什么，不知道领导会怎么安排自己。看着同事们忙得热火朝天，自己不知道该做什么那种难受实在是难以言喻的，往往会导致他们选择逃避，选择离开。

企业认为新员工心性不定，不愿意在新员工身上投入和冒险，更不愿意去给竞争对手培养人才。“低底薪 + 无支持”的散养方法，只能进一步消耗成本，加大人员流动率，给公司造成更大的经济损失。

SOP 的执行，其实就是为了让新员工尽快上岗，尽快开展工作，节约磨合的时间。这就是给公司省钱，给公司争取利益。

让老员工避免经验主义错误

我们有句话，叫作“姜还是老的辣”。

我们还有句话，叫作“瓦罐不离井上破，将军难免阵前亡”。

老员工是公司的财富，是公司的核心价值所在。然而，一些严重的问题，一些大的失误，往往出在老员工身上。因为他们经验丰富，因为他们身经百战，因为他们能力超群，所以在很多事情的处理上，他们反而容易想当然。他们碰到麻烦，或许不会第一时间上报，而会选择私自处理，或者是“捂盖子”。等到纸包不住火的时候，事情已经变得十分糟糕，那是真捅了大娄子。这对公司的损伤，往往是 10 个新员工出的问题加起来都没法与其相比的。

我不否认，很多老员工不仅能力强，而且十分细心，工作多年从没出过问题，让公司领导很满意。但是我们不能指望所有人都自觉工作，维持高效率，不出任何问题。

所以对于老员工，更加需要引入标准作业流程，让其在规范的大框架下工作，这样工作容易量化，也容易提升效率。当然，流程只要是人制定的，就肯定会有问题，不会完美无缺，那就有修正的空间。如果某些标准不合时宜，或者某些细节执行起来有问题，经理人就需要听取多方意见，来调整和修改流程。

要知道，规矩的破坏者往往就是既得利益者。比如，公司有一个简单要求：“当天的工作当天处理，完不成要上报，要让上司知道所有订单和项目的进展。”这对于小职员、新员工来说或许是金科玉律，他们会按照要求来执行，但是对于老员工来说，或许就是无所谓的事，他们会找诸多借口，事情很容易不了了之。

所以标准作业流程，是为了让具体的工作可以量化和拆解，让老员工也必须无条件执行，把经验主义造成的失误率降到最低。

举个实际的案例。很多朋友会抱怨，如今展会的效果越来越差，展会上谈得好好的客户，回来后往往音讯全无；仅仅寒暄和交换过名片的客户，下单的希望就更加渺茫了。于是他们就开始自怨自艾，认为自己生不逢时，没赶上外贸黄金时期；认为如今竞争白热化，对手太多；认为现在国际经济形势不佳，采购需求萎靡；认为网络信息透明化以后，展会效果锐减……他们只会把责任推给外部因素，从来没想过，这一切是不是自己的问题造成的？大环境对所有人都是公平的，有人依然做得风生水起，为什么你不行？

经理人不能任由这种负能量蔓延，影响团队的稳定，让大家习惯性地去推卸责任，这相当不好。就比如展会跟进客户这件事，完全可以制定一整套标准作业流程，来严格规定操作方法，从而杜绝一些经验主义对结果的影响。

案例 3-4

展会期间跟进客户的标准作业流程

这是我曾经给业务团队制定的硬性规定：展会期间，当天见面的客户，当天晚上必须跟进，哪怕通宵不睡，也绝对不可以拖到第二天。

相信看到这句话，有些朋友一定会反驳，能问出十万个为什么来。在这里，我简单以问答（Q&A）的形式，来分析一些常见的问题。

Q：展会当天，许多客户都是需要报价的，这些东西都需要整理，需要跟公司确认细节，需要跟工厂询价，怎么可能当天就回复？

A：当天回复，不是说当天就一定要报完价。当天联系客户只是为了给对方一个信号，唤起对方的记忆，让他知道你在认真做事，大概什么时候可以给他准确的答复。当然，能够一次性完整回复，会给对方一个非常好的印象，让他觉得你效率很高。哪怕不能完整回复，也可以通过 quick reply（快速回复）来营造专业的形象。

Q：展会期间，因为白天在展馆，根本没时间工作，所以晚上肯定要处理一些工作，要回复老客户邮件，如果没有时间跟进新客户怎么办？

A：时间都是可以挤出来的。哪怕再忙，也不会连发一封邮件的几分钟时间都没有。快速回复本来就是为了给对方一个信号，让对方知道，你在按照他的要求工作，大概什么时候能给他一个准确的答复。这就够了。

Q：过去，我们都是在展会期间收集客户名片，然后把名片钉在本子上，简单记录客户的需求。等展会回来后，再重新分配这些名片，让不同的业务员去跟进客户。我们一直以来都是这样做的，难道这个做法不行？

A：不是说不行，而是说这种做法已经过时了。过去可以，是因为竞争不够充分，也缺少来自电子商务的对抗。在如今这个僧多粥少的时代，同质化竞争已经白热化，如果还秉承过去低效率跟进的策略，效果会非常差。因为我相信，同行中有不少优秀的业务员知道抢占先机。等展会结束后，你回去分发名片的时候，可能别人早就已经进展到样品环节，甚至订单都确认完了。

这就是制定标准作业流程的必要性。如果公司没有这样的硬性规定，员工们会执行得很好吗？也许会，也许不会。特别优秀的业务员也许懂得时效性，会第一时间抢占先机，跟客户“勾搭”上；而大多数业务员，还是过去的落后思想，缺乏强烈的竞争意识和狼性精神，很多机会就容易被同行抢走。

企业的管理者和经理人，绝不能把参加展会的结果，放在一个“也许”上。《淮南子》中就有“夫善游者溺，善骑者堕，各以其所好，反自为祸”的描写。越是老员工，就越需要通过规则的约束，通过标准作业流程，把工作专业化、细化、量化，跟公司步调一致，把可能存在的风险降到最低。

我们曾经私下做过一个小规模的调查。一场展会，公司有 8 个参展的业务员，一半是新业务员，一半是老业务员。展会后统计发现，开发出新客户的比例，新业务员往往高出老业务员。

为何？是新业务员的综合能力胜于老业务员，长江后浪推前浪，然后把前浪都拍死在沙滩上吗？

当然不是，而是老业务员本身有客户、有资源，更加无所谓，更加随心所欲，开发新客户的效果往往弱于严格执行公司要求的新业务员。这才是问题所在。

我们既然知道了问题出在哪里，是不是应该去设法改变，去优化管理架构，去执行标准作业流程呢？

让公司在客户面前保持良好形象

除了上述两点，即让新员工尽快上岗，让老员工避免经验主义错误外，标准作业流程还有一个重要目的，就是让公司在客户面前保持良好形象。

说实话，客户对一个公司的印象好坏，其实往往是从平日里与其沟通的员工那里感受到的。比如，你去一家餐厅吃饭，员工态度很差，冷言冷语，没有一丝笑容，每次都要叫几次才过来，还满脸的不耐烦。当你买单的时候，试探性地询问有没有折扣的时候，对方还一脸讽刺地说“哎哟，嫌贵啊，那去别家好了，咱们店从来都不打折”……

试问，这样的餐厅，你下次还会去吗？别说根本不会，可能这次，你就会跟这个员工吵起来，进而去投诉这家餐厅，不是吗？

我们来认真分析一下。严格意义上来讲，这只是这个员工的个人行为，让你感到不舒服。但是消费者会因为沟通的问题，将对一个员工的不满升级为对这家餐厅的不信任，可能以后再也不会去消费，甚至会在自己的朋友圈里吐槽这段让人不适的经历，让自己的朋友也别去。无形中，这个员工的行为严重损害了公司的形象，也失去了一个乃至多个客户。

可事实上，这家餐厅或许平日里一点问题都没有，对顾客热情，服务也周到，而且菜品相当不错。你如果换一个时间去，或许会给它一万个好评，非常满意，没什么可以挑剔的。

恰恰在这个时间点，或许这位服务员家里出了点事，或许她刚跟男朋友吵了一架，心情不好，于是看什么都不顺眼，顾客问了几句就不耐烦，就连讽带刺，于是造成了这个比较恶劣的影响。

在外贸行业，客户对一个公司的印象，往往也是从业务员开始的。因为他平时主要是和业务员打交道，业务员给客户的印象，就是客户对这家公司的印象。业务员专业、细腻、高效率，客户就会认为这个供应商很靠谱；业务员懒散、拖拉、满口谎言，客户就会认为这个供应商管理混乱。

有句话叫“窥一斑而知全豹”，虽然不全面，但是在跟人打交道的过程中，谁又能够真的完全客观地去看待和处理问题呢？客户对业务员不满，进而对这个供应商不满是顺理成章的事情。客户不是法官，不需要严格按照证据来审判，他只需要选择让他觉得舒服、靠谱的供应商去合作就足够了。

所以，令经理人头疼的是，没法控制业务员的实际工作情况。比如，他们在思想上可能真的懂，真的明白，但是行动起来，或许就不是那么靠谱，或许就容易让别人产生误会。因为人与人是有差异的，每个人的处理方法不同，每个人的情商不同，每个人的思维方式不同，往往给别人带来的感觉也是大相径庭的。

所以，需要 SOP，让业务员知道，如何应对初次询盘的客户；如何用技巧跟进客户；如何处理打样的细节；如何通过展会跟进客户等。这些都可以制定工作手册，可以按照标准来执行，然后根据实际情况做调整。虽然这种做法不见得完美，但是可以尽可能让大多数员工，在面对客户时表现出一样的水平，不会有太大的层次差异。最起码，不至于让客户从开始就产生大误会。

案例 3–3 中提到的快速回复模式（quick reply），我们同样可以把相应的邮件模板做出来，大多数业务员完全可以按照这个模板（如图 3–2）来回复邮件。对于无法及时给出完整答复的客户，这是一个专业化的跟进方法。

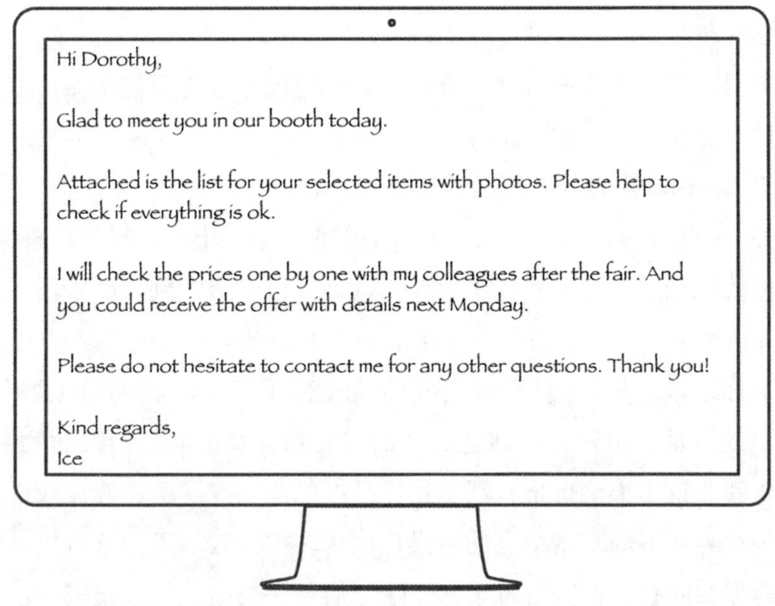

图 3–2 跟进展会客户的快速回复邮件（摘录自毅冰米课，网址 https://www.imiker.com，毅冰制图）

这个邮件模板的内容并不复杂。

第一段，简单寒暄。“很高兴今天在我公司的展位上跟您见面”，一句话拉近距离，让客户知道，这不是一封随意乱投的推销邮件，不是垃圾邮件，而是因为我们今天见过面，我才会写这封邮件。

第二段，点明主旨。“附件是您今天选中的那些产品的图片，请您看一下，是不是准确无误，我有没有遗漏或者弄错。”

第三段，发送这封邮件的真正目的是告诉客户，这些产品我需要在展会后一一跟同事去确认价格。更重要的是，给出了时间段，告诉客户，下周一会给他准确的报价单。这是一个承诺，需要后续的工作去兑现，也借此营造一个我方认真负责的形象。

第四段，结尾的补充。“如果您有任何问题，可以随时联系我。”

这么一封简单的邮件，往往能产生意想不到的效果。有朋友可能会问，这种邮件并没有太多内容，为什么不索性等到展会回去后，报价单完全整理好后，一次性地回复客户？没必要现在写这封邮件，客户在展会期间很忙，也不见得就会看到。

这个问题需要使用两分法来看待。客户可能看，也可能不看，但是不能因为某种可能性就省略这封邮件，就不去跟进。工作的流程是需要细腻化和专业化的，是需要严格执行标准作业流程的。

此外，还存在竞争对手。我们可以设想，等你几天后回去跟进的时候，说不定你的同行早就已经完成了前期的沟通，已经进展到样品阶段，甚至连订单都确认下来。到那个时候，黄花菜都凉了，机会早已失去。

如果你跟进这样一封邮件，客户或许就会回复你，等待你的具体报价；即便不回复，至少也知道有你这么个供应商的存在。哪怕别人的效率超高，哪怕当场就能报出准确价格，甚至连样品都已经立刻送上，客户或许也会稍微等一等，等你下周一出结果的时候，他再多方比较一下。这时候，他或许就会告诉你的同行，他需要考虑和比较之后再做决定。机会就因为这一封快速跟进的邮件，而重新回到了你的手中。

所以，我们还能忽视标准作业流程的执行吗？

第三节

人才架构的动态模式

每一个企业一定都有它的人员管理架构。我相信大多数的公司，都可以拿出一张人员架构图之类的图表出来。比如，最上面是老板或者总经理，然后是各个部门，每个部门里还有不同的人员分支等。这样的图表在海外被称为组织架构图（Organization Chart），体现了一个公司的组织架构和人员情况。

这类架构往往只是从人事角度，大体介绍公司的组织和人员构成，是静态的。实际上，公司的人才架构是动态的，是一直在变化、在流动的。所以经理人需要知道公司的人才状况和现有管理模型，是否需要调整，存在哪些危机。这需要从宏观层面去把控，才能在执行的过程中，引导和协调部门之间的人员。

理想中的人才架构

其实大多数经理人，都知道人才的重要性，都知道稳定的团队是公司发展的基石。但在实际操作中，还是会因为这样那样的问题，把原先的计划弄得不伦不类。

我们从图 3-3 可以看出，理想中的人才架构是一个动态模型：

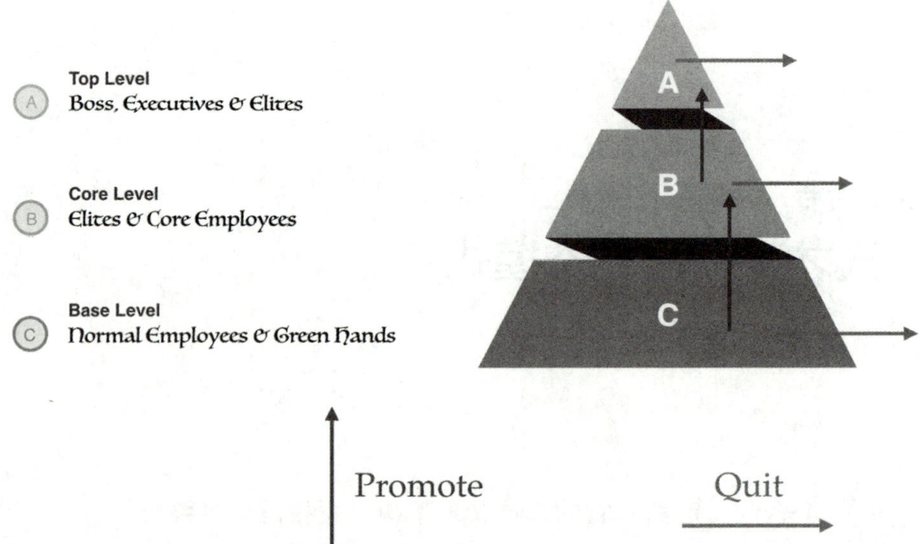

图 3-3　理想中的人才架构动态模型（摘录自毅冰米课，网址 https://www.imiker.com，毅冰制图）

这是一个理想化的金字塔模型，上升箭头表示升迁（Promote），横向箭头表示离职（Quit）。一个稳定的架构一定是金字塔形的，有强大的基础员工和中层员工，有上升通道。哪怕中层和高层有人离开，基层也能通过内部晋升及时补上岗位的空缺。

普通员工可以通过自己的努力和能力往中层晋升；中层管理者可以通过自己的才干和对公司的贡献往高层晋升。在这个过程中，一定有人跳槽，有人离职创业，有人因为这样、那样的问题而离开。所以这个稳定模型的核心，一定是强大的基层员工（base level）。基层稳定了，才有足够的人才往上输送，也才有足够的人才可以培养和作为储备，不至于在有需要的时候，出现断层。

现实中的流动性问题

这毕竟只是一个理想化的模型，在现实中，大多数企业往往很难达到这种状态。现实中的人才架构模型，往往会因为流动性的问题，而发生扭曲，可能会变成图 3-4 这样：

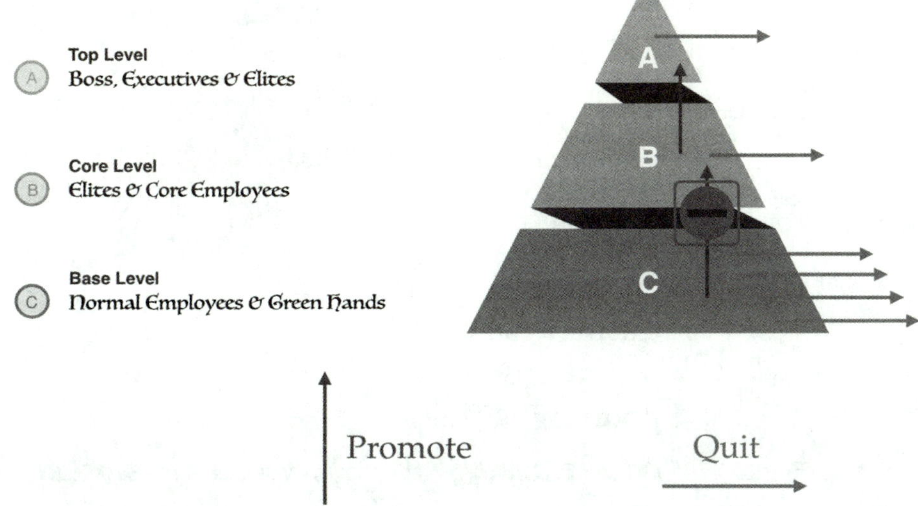

图 3-4 现实中的流动性问题（摘录自毅冰米课，网址 https://www.imiker.com，毅冰制图）

跟图 3-3 相比，这个模型其实只有两个地方发生了变化。

第一，从基层到中层的上升通道出现了阻碍，员工升职难，机会少，晋升通道被阻挡。很多人一旦发现努力工作难以获得自己想要的升职加薪，就会觉得前途无望，会觉得不公平，会去外面寻找更多的机会，或者更好的平台。也就是接下来的第二条。

第二，从基层离职的人员开始增加，人员流失率升高。这样一来，人事部门的压力就会被放大，就需要招聘更多员工来补充基层团队。可是新人的增加，短期内是无法解决工作中的衔接问题的，这需要时间，需要磨合，需要培训，需要很多东西去辅助。

从这个阶段开始，这个模型就出现了缺口，接下来，会进一步加速多米诺骨牌般的倒塌，可能就会出现图 3-5 的情形。

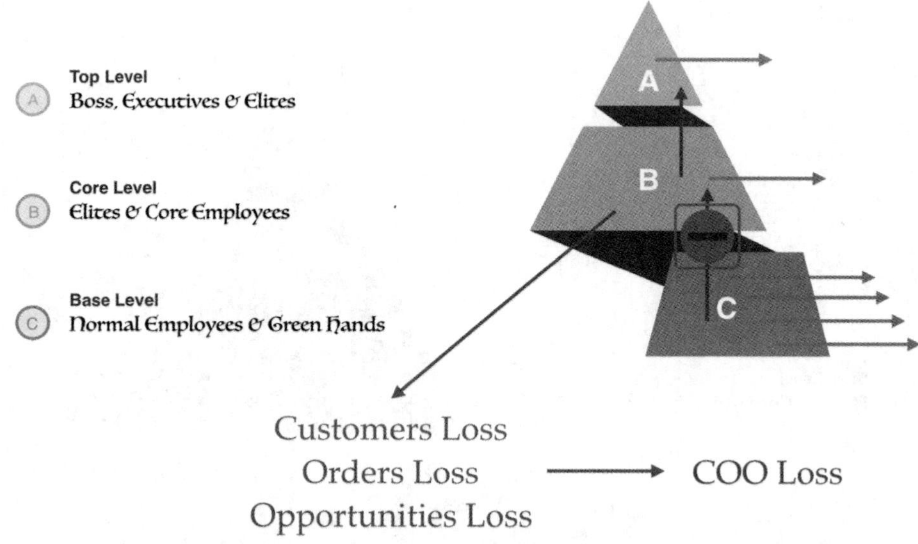

图 3-5　下一张多米诺骨牌（摘录自毅冰米课，网址 https://www.imiker.com，毅冰制图）

这种情形指的是基层员工的流失。新鲜血液补充不足，就会造成底层的大缺口。这样一来，整个金字塔就将摇摇欲坠。对于 B 端的中层而言，掌控力会显得不足，很多事情必须亲力亲为。而这样一来，做事的人变少，工作量不变，再加上衔接跟磨合的问题，公司往往就会出现动荡，会造成订单的不稳，影响客户的信心。

接下来，下一张多米诺骨牌或许就会倒塌，也就是我列出的客户流失（Customers Loss）、订单流失（Orders Loss）、机会流失（Opportunities Loss）。把它们的首字母连起来，就是 COO，即流失客户、流失订单、流失机会。

到这一步就结束了吗？没有，可能还会出现更糟的情况（如图 3-6）。

很显然，不仅是底层前往中层的通道被阻挡，很多人离开；客户、订单、机会的流失，造成中层员工的动荡，中层人员也开始流失；于是进一步导致公司的状况恶化，薪酬制度和职业机会逐渐模糊，由中层到高层的晋升通道也开始关闭。

金字塔的底部崩塌、中部萎缩，就会导致整个架构的轰然倒塌，企业将越

图 3-6 连续性多米诺骨牌效应（摘录自毅冰米课，网址 https://www.imiker.com，毅冰制图）

做越小，逐渐沦为小作坊或者夫妻店，不再是过去的正常化的外贸企业。

这些，就是现实中存在的流动性问题，跟理想化的模型是相背离的。

值得思考的动态模式

以上这些内容给我们的启示是，在动态模型的基础上，人员的流动性往往决定了一个企业的生死。良好的晋升通道是企业长期发展的必要因素，此为生；上升通道出现“防火墙”，使得人员只能往外流动，此为死。

《孙子兵法·始记》中写道：“兵者，国之大事，死生之地，存亡之道，不可不察也。”掌管一家企业，跟控制一支军队，在某种程度上有相通的地方。这就是管理的魅力所在。不管你是掌管军队，还是管理企业、带领团队，归根结底都是对人才的管理和控制。

你不让员工“向上”，那员工或许就会选择“向外”。人员流动本来就难以避免，但关键在于，经理人如何在人才架构上，根据实际情况来调整，给不同的人才创造不同的机会，让理想化的金字塔模型在实际操作中得以真正执行。

“兵无常势，水无常形”，人是动态的，企业的人才架构同样是动态的。这就意味着，没有一成不变的管理方法，“变”即“不变”。

第四节
让专业的人做专业的事

如今这个时代，社会分工越来越精细，是一个“专业化”大行其道的时代。世界顶级售车大师乔·吉拉德曾说：“销售，绝不是降低身份去取悦客户，而是像朋友一样给予合理的建议。你刚好需要，我刚好专业！”

在外贸行业发展的过程中，大家追求的是粗放式的增长，铺天盖地的贸易公司和个人SOHO如雨后春笋般崛起，然后在如今充分竞争的环境中大浪淘沙，许多无竞争力的企业开始出局，如流星般陨落。

很多经理人不由地开始思考，如今外贸企业的生存之道、发展方向应该是什么？过去，人口红利和汇率优势带来了低成本和低价格，如今，这些早已一去不复返；过去，企业在不充分竞争情况下的迅速扩张，如今，也变得十分困难。

大多数供应商的产品都缺乏核心竞争力，技术无法领先别人，设计无法超越别人，价格无法低于别人。所以，其唯一的竞争途径就是打造专业化，通过人员的专业化、团队的专业化，来赢得客户的信任，赢得市场的认可。

超级业务员的悲哀

主管们常常挂在嘴边的一句话是：“让最专业的人做最专业的事”。这句话没错，我举双手赞成。可我想补充的是，这件事说起来容易，你真的能做到几分？不客气地说，大多数的外贸企业都做不到这一点。这就造成了资源的浪费和错配，效率的低下导致管理成本的上升，会让企业在激烈的市场竞争中失去竞争力。

案例 3-5

超级业务员的悲哀

刚入行的时候，我曾经相当崇拜那些特别能干的超级业务员。他们可以一个人完成所有的事情。从业务处理、跟单、单证办理，到品质管控、验货、沟通、谈判，一切相关或不相关的琐碎事情，他们都能一个人完成。

比如，一个项目，从最初的文案准备到供应商的寻找；从样品制作到带着产品参展；从接待和跟进客户，到邮件和电话沟通；从各种谈判，到成功拿下订单；从跟进整个流程，到处理和制作图片；从验货、验厂的细节处理，到出货的各种安排，再到相关单证文件的缮制……他们不需要助理，不需要团队，可以一个人完成所有的工作。

这样的业务员是不是属于超级业务员？是不是很多公司、很多经理人最喜欢这样的全能型员工？我曾经也这样认为，也很羡慕这种能力超群的业务员，甚至把他们作为自己的榜样和发展方向。所以我也一度让自己往全能方向去发展，自己跟单，自己做单证，自己采购，自己审信用证，自己学习 Photoshop（图像处理软件）处理图片，自己去仓库验货，自己去工厂监装等。

那段时间虽然辛苦，但我觉得很充实，能够最大限度地锻炼自己的能力，了解外贸全流程都是怎么回事，了解跟客户、订单有关的细节问题该如何处理和面对。这是好事情，也的确提高了我的能力，为我将来的求职和跳槽奠定了基础。

可悲哀的是，业务员一定要以业绩为先，客户为先。哪怕其他工作做得再多，也无助于“以业绩说话”这个考核标准。做很多事并不代表能创造很多价值，也不代表完全符合这个岗位的要求。

直到后来去了世界500强外企，我才明白过去的想法其实大错特错。我在那个世界500强外企的上司，给我举了一个简单的例子。他说：“每个职位都有它固有的特性。你用1/3的时间做跟单员和单证员应该做的事情，要自己摸索，要自己学习。你能否比专业的跟单员和单证员更专业、效率更高、做得更好？”答案自然是否定的。

按照这个思路进一步思考，一个业务员哪怕学过Photoshop，可以根据客户的要求自己按照这个思路处理图片，修改一些细节，可能花上一个小时，勉强可以搞定。但是专业的美工或许只需要三分钟就能解决问题。这就是外行和内行的差距，在制图方面，业务员终究是业余的，美工才是职业的。

比如，一个业务经理为什么需要去分配工作，把工作内容拆解，交给不同的员工去完成？他自己不能完成吗？不是，这是机会成本的问题。自己做非核心的工作，外行指导内行，瞎指挥，还不如让专业的人做专业的事，获得更高的价值。

如果一个公司需要的员工是超级业务员，希望给他一台电脑，他就可以做好外贸，那这个员工，你也肯定留不住。既然所有事情他都能自己完成，在没有任何支持，没有任何平台协助的情况下，他难道不能自己做吗？为什么要给你打工？为什么要跟你分享利润？

很多小微企业在初创时，一切资源都很匮乏，员工一个要顶三个用，什么事情都得亲力亲为，甚至老板自己都要放低身段干打包样品的活。在这个阶段，这是可以理解的。但是一旦越过这个坎儿，就需要合理的人才架构和管理制度，把工作职责彻底明确和区分。这才是正确的方向。

曾经有学员给我留言说："小公司比大公司好，能最大程度地锻炼一个人。大公司的员工往往只是一个零部件，永远在机械化地做很小的事情；而小公司的员工才是全能的，才是十八般武艺样样精通的，他们自己就是一台机器。如果把小公司和大公司员工放一起比较，小公司一定完胜。大公司无非就是仗着自己公司大、有钱，才能混下去。"

听了这番话，我真是哭笑不得。我想说的是，任何大公司都不是突然从石头里冒出来的，也是从小公司逐渐发展成大公司的。这其中一定有它的内因和外因，绝非表面上看着那么简单。谁说大公司的员工做的都是很小的事情？外界可能难以理解，这些事情可以做得多深入，可以做得多专业。

未来一定是专业化取胜的时代。一个跳水运动员，他无须去做后勤的工作，去做经纪人的工作，他只要把跳水这件事情做好就够了，不是吗？

很多事情，内行才能看出门道。如泰戈尔《飞鸟集》中的两句诗：

离你最近的地方，路途最远；

最简单的音调，需要最艰苦的练习。

降低效率就是"耍流氓"

有个朋友曾经跟我讲过一个故事，是真人真事。相信也是身边不少外贸朋友会碰到甚至经历过的。

案例 3-6

现实版"捡芝麻丢西瓜"

这个故事大致是说，我这个朋友的一个亲戚是一家工厂的老板。这位老板平时自己比较节约，对员工也有点抠门。平日里，一些订单的交货期比较急的时候，他会让整个办公室的员工全部停下手里的工作，一起去车间打包产品。

时间一长，这位老板就发现，这个招数还是很好用的。这样一来，平时就不需要招聘太多的车间工人，一旦几个订单挤压在一起，就把打包的工作交给其他人员来负责，让业务员、跟单员、单证员、采购员等一起下车间装配和打包。这样做不仅节约了成本，还等于免费让他们加班，大不了象征性地支付一点加班费。

朋友说起这位亲戚的时候满脸的羡慕，觉得他口才真好，管理手腕一流，用很少的成本去撬动了很多事情。

我给他浇了一盆冷水。在我看来，这是典型的“捡了芝麻丢了西瓜”，明明损失更大，却还为此沾沾自喜。表面上看，老板节约了招聘工人的人工成本，让其他人员下车间帮忙。可实际上，这些人员在装配和打包方面都是外行，能强过靠计件来获取工资和奖金的熟练工人吗？显然不可能。那么，他们的效率就会十分低下。

其他部门的员工下车间做工人的工作，意味着他们本应做的跟客户谈判、跟进订单、处理询盘、回复邮件这些事情都会被耽搁，这又会损失多少？

这样的损失根本就没法计算。再说，偶尔一次，车间里订单紧急，需要办公室里的人员帮忙，老板可以要求，大家也可以理解。但是一次又一次，久而久之，员工们也不傻，也能看出老板的意图是变相压榨劳动力，难道他们不会有想法？不会有人辞职？

一旦有人离开，公司就需要招聘新人，各种培训和磨合又是一笔成本，而且新人也未必会留下。再说，团队不稳定往往会传到客户那里，缺少专业的业务员跟进客户，订单就会不稳定，客户就会不稳定，公司的利润也会不稳定。所以，太多的不可控因素叠加起来，让我看不到这种做法有任何优势，它完全就是一拍脑门决定的。

企业管理的核心是通过提高效率来节约成本和增加收益。订单紧急，可以找一批临时工来顶一下，可以分流部分订单给外协工厂，这都比让其他人员去做工人的工作要好得多。

这位老板的做法违背了管理学的基本原理，人为降低了效率，增加了成本。这种不科学的做法不是“耍流氓”是什么？最终受损失的，其实还是他自己。

让最专业的人做最专业的事

曾经有一个笑话：一个经理人，如果什么事情都亲力亲为，不假手于人，那他就不需要招聘员工，不需要打造团队，而他自己充其量就是一个小个体户。

受到时间和能力的限制，个人的力量终究有限，个人的能力很快会碰到天花板。

一个业务经理即使全力做业务，所有客户都自己谈，自己跟进，能服务多少客户？10个、20个，还是50个？而且客户一多，订单一多，细节一多，出错的概率会成倍增加。如果合理分流，让不同业务员处理不同的工作，经理人只需掌握谈判进展，给业务员做好幕后工作，给他们相应的支持和建议，有问题的时候跟他们一起研究和探讨。只有这样，公司的规模才有可能扩大。

这就是职业分工，是让专业的人做专业的事。

为什么许多企业一旦做大，老板就会招聘职业经理人来负责公司的日常工作？老板娘就会放弃财务工作，转而让首席财务官来处理？因为这是企业发展的一个必然趋势。

当公司还很小的时候，各种管理制度可能很混乱，甚至没有什么管理可言，人员也没有明确的职位分工。可一旦公司步入了正轨，管理上的弊端就会逐渐暴露出来，老板自己再能干，也不可能解决所有问题。这时候，管理的重要性就会逐步显现，就需要专业的人来做专业的事，提高效率，向效率要利润。

第五节 能者上，庸者下

被誉为“万经之王”的《道德经》中有一句话：“良才善用，能者居之”。

很显然，企业需要善用人才，让能者居其职，给予他实现抱负的更大的平台和更多的支持。

大多数外贸企业的团队架构最缺少的，其实就是这种“能者上，庸者下”的基因。所以才会有“千里马常有，伯乐不常有”这一说法。

“皇亲国戚”的工作要谨慎处理

许多贸易企业都是从SOHO或者小公司起步的，在发展的过程中，难免需要家人的帮衬。比如，自己做老板的同时，负责业务和跟单；太太负责财务和单证；小舅子负责采购、内勤和开车，一个小公司的架子就搭起来了。

之后，公司越做越好，开始招聘员工，开始重视管理，这些家人该如何处理？除此以外，一些亲戚朋友，包括三姑六婆八大姨的孩子都想往你公司里塞，你该怎么办？是接受还是拒绝？接受，你薪水不好拟定，职位不好安排；拒绝，他们会说你忘本，说你一朝得志，连家人都不要了。

另外，很多员工入职后，发现你这个公司是一个彻头彻尾的家族企业，谁都可以对他们指手画脚，有十七八个老板要伺候。那谁还愿意留下？这都是有可能出现的现实问题。

所以困扰管理者的一个大难题，就是所谓的“皇亲国戚”问题。这个问题必须谨慎处理，一旦处理不好，就可能给公司的发展和管理带来致命的伤害。很多企业都曾栽在这上面。

案例 3-7

欲哭无泪的业务总监

外贸部门的业务总监是老板从同行那里用高薪挖来的。老板希望他来重新梳理公司的管理架构，把业务做起来，把团队稳定起来，把管理制度搭建起来。

结果，这个总监成了一个空架子。他手底下有 6 个业务员，其中 4 个是老板或者老板娘的亲戚的孩子，他们基本都是自说自话，自己抱团，不把这个外来的总监放在眼里。制度也好，标准作业流程也好，根本就是摆设，没人理会。

业务总监想要人事部门执行奖惩制度，人事总监是老板的小姨子，仗着自己是给姐姐、姐夫管人的，坚决贯彻“肥水不流外人田”的思想，高提成、高福利都留给自家人。至于招聘来的员工，都是给他们打工的，能克扣就克扣，任何好的资源都不给他们。所以奖惩制度，自然也变成了摆设。

业务总监想要财务部门给予付款方式上的支持，让业务员可以更好地跟客户谈判。结果，财务总监是老板娘自己，自家亲戚的订单，什么都好说，60 天放账都没问题；其他业务员的订单，则严格做好风控，坚决执行 30% 定金加 70% 发货前付款的政策。任何的破例，都要老板直接通知财务部门才可以。现在多了业务总监，则需要业务总监和老板两人签字同意才行。

这位总监做任何事情都会受到各种牵制，要跟各路“皇亲国戚”斗智斗勇。最终，他选择了离开。

我相信这种情况在中小企业里比比皆是。有没有应对的策略呢？难道这是一道无解的难题？其实不是。这个问题用三个“公”就可以解决，即“公平”“公正”“公开”。

公平：表面上的公平必须维持

为什么说是“表面上的公平”，而不是真正意义上的公平？

因为我们都明白，这个世界上本来就不存在绝对的公平，而只有相对的公平。对员工而言，他们要的公平，无非体现在工作、收入这两个方面上。

同样是普通业务员，工作经验和能力也差不多，如果底薪不一样，提成标准不一样，就会不公平，就容易使团队离心，容易使收入低的那位员工因不满而离开。

比如，老板侄子的底薪是 5 000 元，提成是利润的 20%；其他业务员，底薪是 4 300 元，提成只有利润的 10%，这显然不合适，违反了基本的公平原则，没有一视同仁。这样一来，其他业务员就会觉得，自己在公司没有前途，老板偏心，老板不公平，自己的努力没有得到应有的回报和奖励，这种不满累积起来，就会爆发。

老板可能会想，我自己的家人多拿一点，用得着你们管？我是老板，我想给员工多少钱都可以。

这也没错，但是事情可以做得有技巧一些。比如业务员的底薪是 4 300 元，那自己的亲戚也不能搞特殊化，也要发同样的薪水。当然，至于你私底下愿意给多少，那就是另外一码事了，但起码在公司的账面上，还是要一视同仁的。

除了收入以外，还有哪些地方要保证公平呢？这个问题，其实换位思考一下就能想清楚。

假设你自己是员工，当年在打工的时候，你最看不惯哪种不公平的现象？老板的哪些行为，让你最难以接受？

把这些问题总结起来，或许就是以下三种现象（如图 3–7）：

- 收入的不公平
- 资源的不公平
- 支持的不公平

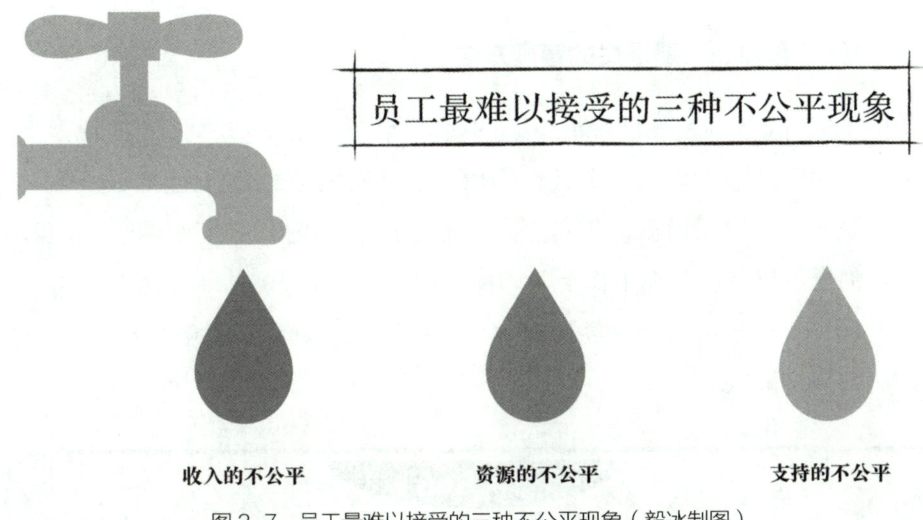
员工最难以接受的三种不公平现象
收入的不公平
资源的不公平
支持的不公平

图 3–7　员工最难以接受的三种不公平现象（毅冰制图）

收入的不公平，上面已经提到了，至于资源的不公平，可以有多方面的因素。比如，普通业务员或许只能自己通过网络搜索目标客户，或许只有阿里巴巴的子账号；但是老板的亲戚，或许一开始就有阿里巴巴的主账号，可以去国内外参加展会。这种不公平，往往会让其他员工的工作积极性大幅下降，产生非常消极的影响。

再看公司支持的不公平，这往往更加能够影响客户的开发和订单的成交。普通业务员或许提供样品要向客户收费，价格没有让步余地，付款方式非常苛刻；而老板的亲戚，就可以免费给客户寄样品，价格往往都能自主降低，付款方式连远期都能接受。在这种情况下，普通业务员接单的难度自然远高于得到公司大开后门、全力支持的“皇亲国戚”。

这种不公平的现象也是令员工们深恶痛绝的，主管们一定要特别警惕。一旦普通员工被压抑久了，抱团抵抗，或者集体辞职，甚至跳槽到竞争对手那里，这对于公司往往就是沉重的打击。

对老板而言，公平的问题必须警惕，要时刻给自己敲警钟；对于经理人而言，这些问题必须第一时间让老板知道，并预估对公司可能造成的恶劣影响，事先规避，及时处理。

公正：“和稀泥”是最烂的管理方法

除了上面提到的公平原则外，公正是公司第二个必须遵守且执行的原则。

作为主管、经理人或者老板，哪怕不能做到完全的大公无私，起码在情感上、道理上，也要做得说得过去，要能够给下属交代。否则的话，其身不正，如何让下属信服并在工作上全力配合呢？

下面是一个学员的亲身经历，她最终用辞职来抗议了经理的不公正，选择用离开来结束这一切。

案例 3-8

一次“和稀泥”让业务员离职

Chloe（克洛艾）是一家工厂的业务员，跟其他 3 个业务员一同负责开发欧洲客户。

某天，Chloe 在同事向经理申请给德国客户的免费样品时偶然得知，同事正在跟进的客户是她已经联系了 9 个月的潜在客户。

Chloe 很生气，去找主管抗议，表示根据公司规定，同事之间的客户接洽有冲突的时候，以谁先进行有效联系为准。假如 Chloe 过去联系过这个德国客户，但只是发过一封开发信，客户表示无兴趣之后就没再跟进，那同事后期跟这个客户搭上线，谈得很深入，已经进展到商议样品和订单细节的阶段，这个客户归属同事，她心服口服。

可事实却是，这个客户她跟进了 9 个月，一切谈得很顺利，也给了客户一定的时间去研究这个项目。现在的情况是，她的同事偶然间联系到这个客户，客户发现是同一个公司的人员，就提出要确认这个订单的数量和细节，需要看样品。所以，Chloe 才是前期谈判和跟进的那个人，客户应当归属 Chloe 才对。

经理知道情况后，并没有支持 Chloe。经理认为，同事已经联系上客户，并且进展到了样品和订单阶段，这时候贸然换人，可能会引起客户的不满，会让对方认为公司混乱不堪，一会这个业务员联系他，一会那个业务员联系他，要是因此而让人反感，影响订单就不好了。

于是经理拍板，这个客户 Chloe 就不要管了，就让同事跟进。但是毕竟 Chloe 过去出过力，这个客户的订单一旦签订，同事的提成分几百元给 Chloe 作为补偿。

经理不公的处理，让 Chloe 无比气愤，她随即递交了辞职信，不顾公司的挽留，坚决离开。

大家看了这个案例，是什么样的感受？至少在我看来，这种各打五十大板的“和稀泥”方法糟糕透顶。

我相信，公司有相应的规章制度，有相应的条款可以跟员工解释清楚，比如谁先联系或谁先有效联系客户，客户由谁负责跟进。哪怕没有相应的制度，大家都是可以理解的。因为公司一定要内部调整，然后一致对外。业务员需要跟竞争对手、跟同行去抢订单，去争取客户，而不是在同事之间抢单，增加内耗，这没有意义。

聪明的经理人完全可以用一些技巧和智慧，来有效处理客户冲突问题。至少在面对下属的问题时，一定要公正，要说得过去，并可以被大众所接受。

案例 3–9

技巧性地处理客户冲突难题

我喜欢把业务员在开发客户过程中的冲突，分为以下五种情况去应对。这样一来，基本上可以做到公正。

情况一：如果 A 业务员开发的客户，是 B 业务员的老客户，那就交给 B 业务员去跟进处理。

情况二：如果 A 业务员开发的客户，B 业务员也开发过，那就以谁先进入到有效联系为准。

情况三：如果 A 业务员开发的客户，B 业务员也在差不多的时间进行了开发，两个人都没有进展到有效联系，那就抽签决定客户归属。

情况四：如果 A 业务员开发的客户，B 业务员也正在开发，两个人因为联系的是不同的联系人，且都已经进入到有效联系阶段，那就两边继续各自联系，但维持一样的报价和付款方式，不管哪边最终拿下订单，第一单的提成，两个业务员一人 50%。

情况五：如果 A 业务员和 B 业务员开发的客户并不是同一个人，但是在跟进中发现，最终客户是同一个零售商，这个零售商只不过是通过不同渠道采购，那就参照情况四来处理。

在我看来，做主管需要公平，需要让大家心服口服。比如一个客户，恰好两个业务员都在跟进，你给谁好？不管你给谁，另外一个业务员一定会觉得你偏心，觉得难以接受，哪怕嘴上不说，心里也绝对不会满意。既然如此，那干脆抽签决定，一切看运气，没抽到那个，最多也只是拍下大腿，感叹下运气不佳，但还是可以接受这个结果的，不至于辞职，不是吗？

公开：所有的暗箱操作都要停止

最后一个“公”就是公开。一切的操作都需要透明，需要让大家知情，不要出现暗箱操作和一言堂。

那究竟哪些东西需要公开呢？真要罗列起来，我可以写出一大篇。简单地归纳一下，大致可以分为以下四个方面（如图 3–8）。

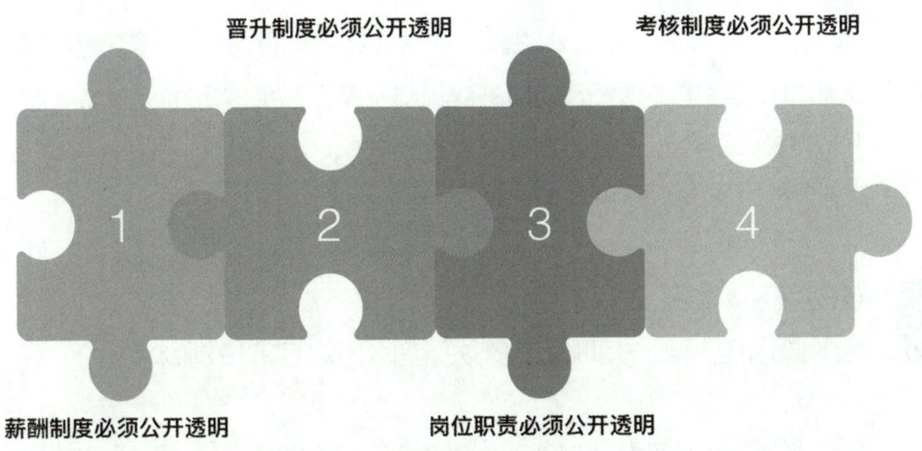

图 3–8 必须保持公开透明的四个方面（毅冰制图）

这其中，无论是薪酬制度、岗位职责，还是考核制度，都是大家所关心的。这些只能保持公开透明，否则容易出大问题，管理会一团混乱。

谁都不希望，自己算算提成有 10 万块钱，老板计算器一按，变成 200 块钱；谁都不希望，自己明明进公司是做采购的，却变成内勤、打杂兼包装工人；谁都不希望，明明经理说过，今年的业绩指标是 30 万美元，但是到年底发奖金时，经理却改口说公司给的业绩指标是60万美元，你没达到，奖金归零。

还有更重要的，就是晋升制度。这就更需要透明化了，要让员工知道，做到哪一步才可以满足公司的更高要求，可以升职，可以往更高的方向去努力。

千万不要出现这样的情况，明明一个业绩最好的业务员，各方面能力都不错，也可以扶持和帮衬新人，公司有意无意地表示，下一任的业务经理非他莫属。可结果是，几个月以后，公司突然任命另一个员工为业务经理，没有任何理由，没有任何标准，也不作任何解释。

没有标准，才是管理上最大的问题。不能仅仅因为是关系户，就让他升职；因为我喜欢这个人，就让他当领导，这是绝对不可以的。

一个国家，要依法治国，才能长治久安；一个企业，要有规可循，才能持续发展。

“能者上，庸者下”是自然规律，本来就是不可逆的。对于经理人而言，这是管理团队过程中必须要遵守的游戏规则，没有回旋的余地。

不是你自己革命，就是让竞争对手革你的命。

这就是外贸世界，这就是商业社会。

MBA经典案例

美国通用电气公司前CEO杰克·韦尔奇的末位淘汰制

美国通用电气公司（General Electric Company，以下简称通用电气，港台地区翻译成“奇异”），相信很多朋友都听说过，由大发明家爱迪生创立，一直到今天，都是世界500强里强大的多元化集团。美国《财富》杂志做过统计，如果把通用电气旗下的业务集团单独拆分的话，至少有13个业务集团可以进入世界500强，这是一个无比强悍的数字。

说起通用电气，就不得不提到在商界赫赫有名的“中子弹”——杰克·韦尔奇。很多人都是通过他知晓了通用电气这个公司。我们先看一组数据：在杰克担任通用电气集团总裁的 18 年里，通用电气的年收益从 250 亿美元上升到 1 005 亿美元，净利润从 15 亿美元上升到 93 亿美元，市值超过 2 800 亿美元，而员工从 40 万人精简到了 30 万人。这震惊了美国商界。

此外，在股东收益方面，1998 年，通用电气每股股票的回报率高达 41%，甚至在杰克担任总裁的这 18 年里，股票的平均回报率也达到了 24%。这个数字，彻底打败了微软公司的联合创始人比尔 · 盖茨、英特尔前 CEO（首席执行官）安德鲁 · 格罗夫、伯克希尔 · 哈撒韦公司创始人沃伦 · 巴菲特，以及沃尔玛公司的创始人山姆 · 沃尔顿这些商界巨头，轰动了华尔街。杰克 · 韦尔奇也成了当之无愧的世界第一 CEO。

说起这个传奇人物，再多篇幅都不够。至今，对于他还有很多褒贬不一的评价。我们简单介绍一下，杰克 · 韦尔奇引以为豪的末位淘汰制，可以简单地将其理解为“70-20-10”法则。

这个法则是通过绩效考核将员工做基本的分类。

最出色的 20% 的人，充满活力，能带动周围的人提高效率，给公司创造最大的价值，属于 A 类员工。

中间 70% 的人，任劳任怨，完成了自己这个职位应做的工作，各方面都基本令人满意，属于 B 类员工。

还有 10% 的人，不能胜任自己的工作，各方面都达不到公司的要求，而且负能量满满，这类员工属于 C 类员工。

通用电气人力资源部门使用活力曲线（vitality curve），来给员工的工作和能力做基本的分类。目的是帮助 B 类员工往 A 类员工提升，并且把 C 类员工从公司里清除出去。这就是杰克 · 韦尔奇末位淘汰制的由来。

杰克 · 韦尔奇为了将这套制度贯彻下去，引入了绩效考核，通过丰厚的奖励来调动员工的积极性。那时，A 类员工可以获得相当可观的股权和奖金，这些甚至是 B 类员工的 3 倍以上，这在当时的美国企业里是不可想象的。这激励了 B 类员工拼命奋进，努力成为 A 类员工。至于 C 类员工，自然要逐步清退、解聘。这个制度的残酷性使杰克 · 韦尔奇得到了“中子弹”的外号。

现在看来，这种制度虽然残酷，但在大公司的各方面配制都很臃肿且饱和的情况下，借助这一方法大刀阔斧去改革，对企业的发展和良性循环却是十分必要的。特别是对于通用电气这样的大集团来说，清除冗员、提高效率是管理者必须要面对的问题。

毅冰说

“能者上，庸者下”在任何行业都适用，当然也包括外贸行业。

这个道理大家都懂，执行起来却千难万难。因为有各种现实问题的阻碍，有各种人情世故的牵制，再加上中国自古就推崇人情社会，要做这种得罪人的事，自然不容易。

很多经理人都想改革，甚至都准备好了一整套腹稿。之所以没拿出来，之所以迁就现实，还是因为现实中困难重重，难以施展抱负，还不如装鸵鸟。

然而，这是不行的！你不去改变，但这个世界在改变，你就会落后。你不想得罪人，你想做好好先生，那么，对于公司长远的发展来说，你将是最大的罪人！

我想跟经理人说的是，不一定非要执行末位淘汰制，但是建立完善的绩效考核制度，再配以恰当的激励机制，还是相当有必要的。就如本章的内容——薪酬体系和绩效考核，搭建好框架，全方位执行，自然能重新定义团队，能把效率拉上来。

时刻谨记：执行！执行！执行！

对于本章内容，你有哪些感触和想法？如何执行落地？

不要犹豫，把它们写下来吧！

第四章

角色转变与战略规划

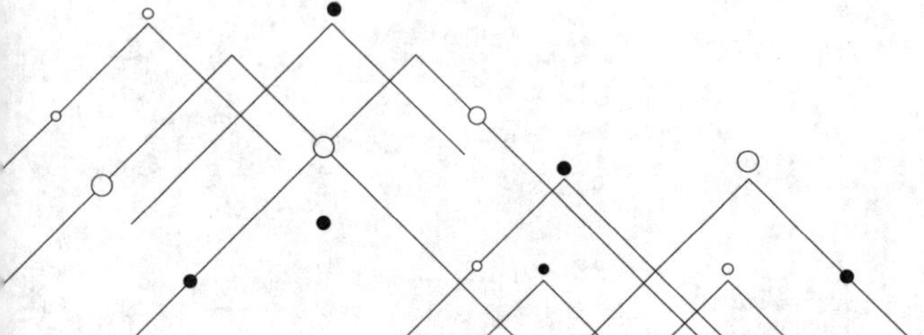

第一节
革命——先从自己开始

对许多经理人而言，每次听到“革命”这个词，都会觉得不寒而栗。这是一种出于本能的抵触，他们认为这会损害公司的利益，损伤自己的利益。

事实上，“革命”本身是一个中性词，可能在革命的过程中会有一些不太好的东西相伴随，但它仍代表了一种发展的趋势和潮流。如果我们不去面对它，不去拥抱它，而只是一味地打压和抵触它，反而容易给自己带来更多的难题、更棘手的现实问题。

在讲“革命”之前，我想先请经理人们反思一下，若干年前你还是一名小职员的时候，是不是也曾对公司里这样、那样的问题愤怒过、抗争过？那个时候，你锋芒毕露，一腔热血，想改变现状，想改变不公平的事情，想让公司变得更好，想让自己变得更好，不是吗？

既然如此，如今你已然身居高位，已经是公司的创立者或者管理者，为什么就失去了初心？从什么时候起，你不再听取下属的建议；你开始只在乎个人利益；你变成了满口谎言的生意人；你成为了自己曾经最厌恶的那个人。

零和博弈的思维死角

我认为，这种变化的起源是个体的角色转变。立场不同，考虑问题的角度也会不一样。

做员工的时候，我们考虑的是从公司那里争取更多的利益，从老板那里拿到更多的薪水。可如今做了管理者，考虑的问题就变成了如何节约成本、如何控制开支。所以，很多主管考虑的问题是，公司的利润就这么多，你多拿走 1 块钱，公司的收入就少了 1 块钱。

在经济学里，这就是博弈论里的零和博弈（Zero-sum Game）。怎么理解呢？这就好比两个人在下棋，赢算 1 分，输算 -1 分，平局算 0 分。下棋的结果只有两种情况：一方赢，一方输；或者双方打平。换算成数学公式，就是以下两种可能性：

第一种情况：1+（-1）= 0

第二种情况：0+0=0

不管是哪一种，总和一定是零。这就是零和博弈。延伸到企业内部，就可以理解为，一方的获益意味着另一方的损失。这也是许多经理人考虑问题的习惯角度。我想说，这显然是大错特错的。

零和博弈有一个大前提，就是博弈双方彼此不存在合作的可能性，一定是对立的。最终结果一定是一方吃掉另一方，整体利益不会因此而增加。

可现实情况截然不同：

（1）在企业里，管理者和员工并不是完全对立的，双方在某些立场上有对立，但是依然可以相互合作。

（2）整体利益不是一个不可增加的极限值，这块蛋糕是可以做大的。

（3）利润可以通过提升管理的效率来增加，并不需要让员工来买单。

经理人也好，老板也好，首先要摒弃零和博弈的思维方式，要明白，员工增加的收入，可能来源于给公司争取的更大蛋糕，而不是现有的蛋糕。

这一点，需要特别警惕，需要管理者思考和总结自己思维中的零和博弈误区，及时调整。

生命周期的现实

除了思维方式外，影响订单和效益的另一个现实问题是产品。不要认为，跟客户关系不错，订单就能滚滚而来；不要认为，产品和价格还可以，就能一直维持过去的利润。

时代在变化，产品在更新，如果不能与时俱进，一次次去“革命”，最终打垮自己的，可能不是竞争对手，而是自己落后的产品。

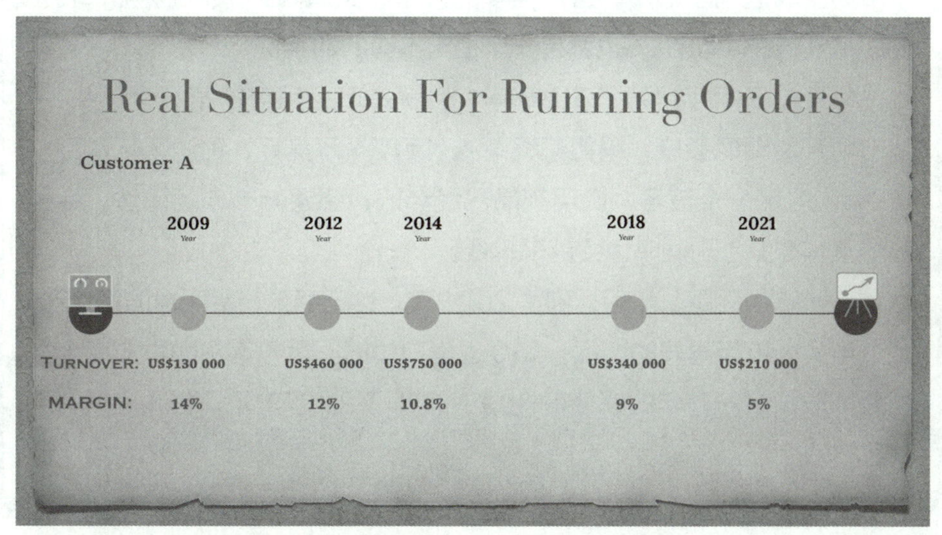

图 4-1 成熟产品的销售额和利润趋势（摘录自毅冰米课，网址 https://www.imiker.com，毅冰制图）

我们可以简单地通过图 4-1 来进行分析。假设一个老客户的老产品，我们一直跟进得都还算顺利，客户也一直都有返单。但是随着时间的推移，利润率会因为产品的逐渐老化，市场需求的下降，竞争对手的增加，而逐渐走下坡路。

案例 4-1

产品的生命周期

根据图 4-1，2009 年的时候，这款产品可能刚起步，还没有彻底打开市场，所以在供应商和客户全力以赴的推广下，销售额达到了 13 万美元，利润率有 14%。

到了 2012 年，产品已经逐渐铺开，销售额达到了 46 万美元，但是利润率略有下降，是 12%。

两年后的 2014 年，也就是这款产品开始销售的 5 年后，它的市场反响达到了巅峰，客户当年的订单一路飙升到 75 万美元，利润率维持在 10.8%，也算是一个相当不错的数字。

又过了 4 年，到了 2018 年，也就是产品销售的第 9 个年头，市场开始出现疲软，销售额逐渐减少到 34 万美元，利润率下滑到 9%。这是一个信号，说明产品已经老旧，会逐渐被市场淘汰，会越来越难做，利润率也会越来越低。

一转眼又是 3 年后，到了 2021 年，这已经是产品问世的第 12 个年头，当年再好的产品，如今也早已过时。尽管客户和供应商全力争取，这一整年的销售额还是下滑到了 21 万美元，利润率只有可怜的 5%。

这就是产品生命周期的问题。任何产品都会碰到更新换代的情况，会被市场淘汰，会被消费者遗忘。有的时候不是产品有问题，可能只是因为这款产品在市场上销售得久了，消费者出现了审美疲劳。

此外，产品的生命周期仅仅是现实问题中的一个方面。客户也好，设计也好，技术也好，行业也好，都有生命周期（如图 4–2），都有旺盛期和衰退期，有些产业甚至会沦为夕阳产业，在这个世界上彻底消失。

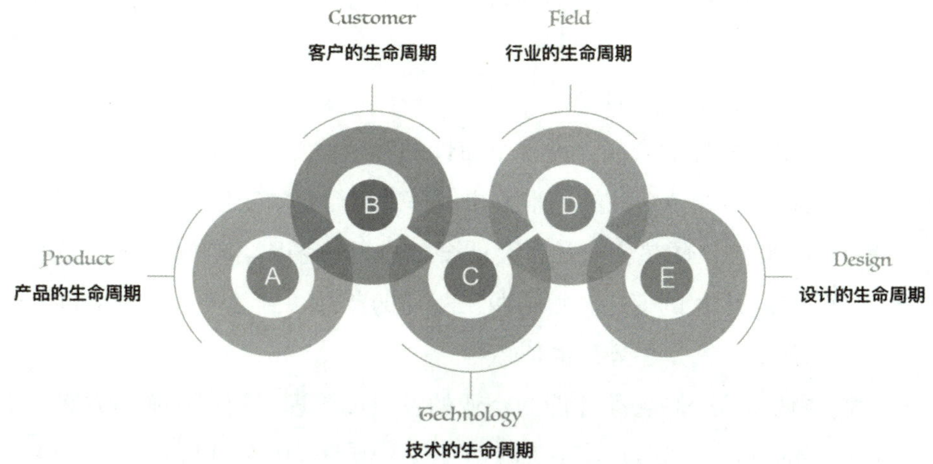

图 4-2 现实中的生命周期（毅冰制图）

一个老客户，公司最大的核心客户，或许若干年后，已经不再合作，或者订单越做越小，变成一个可有可无的小客户；

一个新兴的行业，竞争对手挤破头杀进去的领域，或许若干年后，经过一轮又一轮的洗牌，变成了一片红海；

一个惊艳的设计，当初或许震动了整个行业，被大众追捧，或许若干年后，大众的口味和喜好已经变化，早已无人问津；

一个领先的技术，曾经引领行业标准，被众多人模仿，或许若干年后，早已被更新的技术所替代。

这就是现实中的生命周期问题，万事万物都不是永恒的，都有自己的生命线，都要经历从成长到衰退的过程。

管理者需要认清这个现实，不要妄想一个客户合作一辈子，一款产品开发一辈子，需要顺应时代、顺应市场、顺应客户来调整自己，我们要做最好的自己。

产品、思维、自己都需要革命

革命这个词，我们可以从形容词的角度来理解，也可以从动词的角度来分析。

形容词角度：革命性的

我们需要革命性的产品，需要革命性的管理，需要革命性的技术，需要革命性的设计，需要革命性的思维方式，来适应行业的变化。

20 世纪 90 年代的热卖产品，会适合如今的市场跟客户吗？显然是不可能的。别说二三十年的变化，哪怕两三年前的产品，到了今天，可能也早已落后，早已淘汰。这是趋势，也是必然。

我们要认清这个现实，才能为企业的发展和管理，制订正确的方案，不至于走过多的弯路，然后在某一天猛然发现，浪费了太多时间。

动词角度：革命

从动词角度理解，革命就是要自己动手，去解决和处理一些问题，比如

图 4-3　革命的三个维度（毅冰制图）

产品、团队、薪酬架构、管理模式。这些都需要通过“革命”去改变，从而增强产品的“生命力”。

这是管理者需要做的事情。就像我在本节开头提到的，革命需要从自己开始，去自上而下地解决问题。现实的情况是，如果你自己不去改变，不去革命，那竞争对手就会来革你的命。

严格意义上来看，从产品到思维，再到企业，都是需要不断去革新、去延长生命力的。产品、思维、经理人自己是革命的三个维度（如图 4–3）这其中根本的问题就在于我们自己。如果我们自己没有这样的意识，就什么都做不了，一切的方向和目标都是镜花水月。

第二节
Leader 与 Coordinator

主管、经理这两个词我们过去往往翻译成 leader，表示“领导”。如今，西方管理学越来越喜欢用协调者（coordinator）来取代过去的领导（leader）。在某种意义上，这代表了时代的变化和进步。

领导（leader）是否彻底退出管理舞台了呢？也不是。我觉得这两个词的使用是有侧重性的，需要根据具体情况来区分。如果经理需要领导团队，重新架构管理模式，那他的角色就需要侧重于领导（leader）。如果经理需要参与项目，跟下属一起去解决和应对各种难题，那他就是协调者（coordinator）。

前者侧重“方向”，后者侧重“渗透”。

从领导（leader）的角度，打造企业的核心价值

从“领导”的角度出发，经理需要做的是打造企业的核心价值，构建团队的核心价值，通过强有力的团队，来应对各种竞争和突发状况。为此，我创造了一个公式（如图 4–4）。

我为团队的核心价值构建了 6 个维度，它们分别是：

- Strategy：战略
- Staff：成员

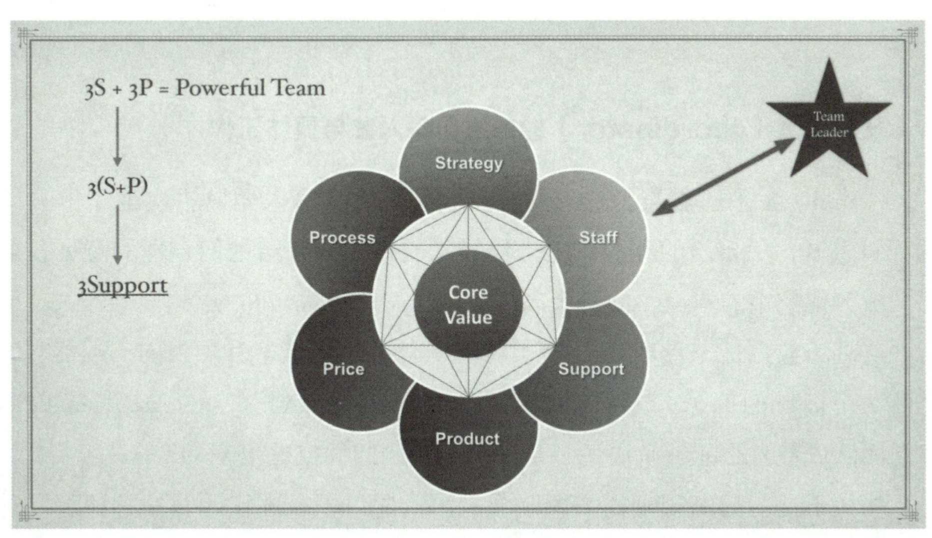

图 4-4 构建团队核心竞争力的公式（摘录自毅冰米课，网址 https://www.imiker.com，毅冰制图）

- Support： 支持
- Product： 产品
- Price： 价格
- Process： 流程

这6个维度的英文首字母分别是3个S和3个P，加起来就是3S+3P=Powerful Team（强有力的团队）。再简单提取公因数3，就变成了3（S+P）=Powerful Team。

我们可以把S+P进一步理解为支持（Suport）。这样一来，这个公式最后就变成了：3倍的“支持”，才能构建一个强有力的团队。

作为领导，其实更多的职责是制定规划和战略，然后让员工放手去做，自己更多地做幕后工作，给予员工大量的配合跟支持。

这就好比一个将军，不需要亲自上前线，但是需要制定战略方针，给士兵们充足的后勤和弹药保障，并鼓舞士气。这才是作为一个领导（leader），需要具体去执行的工作。

从协调者（coordinator）的角度，深入参与具体工作

coordinator 是“参与者”，是“协调者”，需要深入团队去实地了解具体的项目进展，用自己的经验和能力给员工支持，同时给他们合理的意见和建议，成为他们中的一员，做一个高级顾问（senior consultor）。

经理不应只是“管理”，还需要参与具体的“经营”和项目的“运营”。

举个简单的例子，大家都挂在嘴上的“战略规划”（strategic planning）。这是团队成员自己能够解决的？是经理一拍脑门凭空想出来的？

当然不是。战略规划需要团队成员深入探讨，经理作为领导者和参与者要给出具体思路和规划，然后结合公司现有的情况，制订出一整套计划和方案。

更重要的是，“战略规划”需要经得起检验，可以量化。从协调者的角度出发，他需要具体去制定规则，然后深入参与，再对其进行检验，以便完善具体的运行机制。

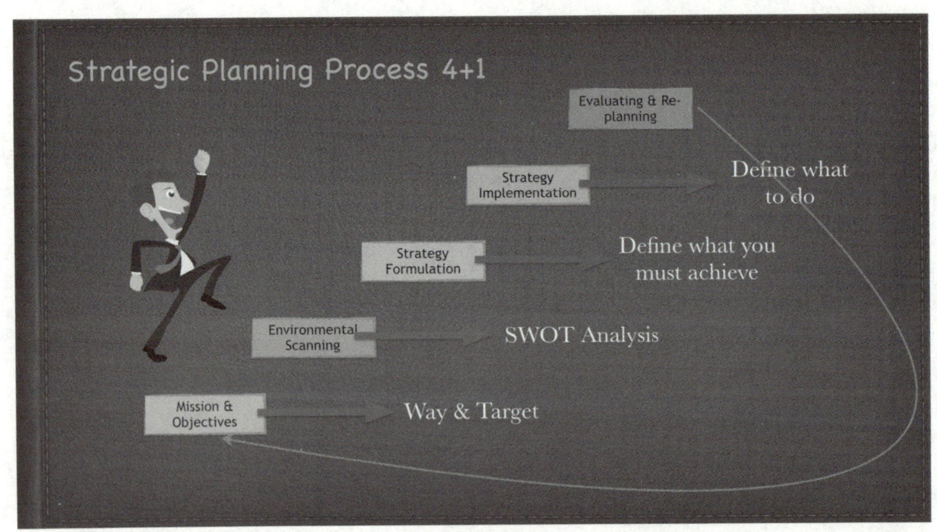

图4-5 战略规划的“4+1”架构（摘录自毅冰米课，网址 https://www.imiker.com，毅冰制图）

战略规划说起来有点复杂，简单总结一下，其实使用“4+1”的架构就可以把这个东西弄明白（如图 4–5）。

这个架构是一环扣一环的，包括 4 个操作步骤和 1 个检验步骤。

案例 4–2

战略规划“4+1”具体操作

在“4+1”模型中，4 表示 4 个具体的操作步骤，包括任务和目标制定（Mission & Objectives）、市场情况了解（Environmental Scanning）、战略制定（Strategy Formulation）和战略执行（Strategy Implementation）。

此外，1 表示 1 个检验步骤，用来确定战略规划的可行性，以及是否需要调整，也就是评估和重新规划（Evaluating & Re-planning）。

- Mission & Objectives 也可以理解为“方向和目标”。
- Environmental Scanning 其实就是“SWOT 分析”，要了解企业在市场竞争中的优势（Strengths）、劣势（Weaknesses）、机会（Opportunities）和威胁（Threats）。
- Strategy Formulation 指要明确战略规划“想要达成的效果”。
- Strategy Implementation 指明确“究竟怎样具体执行”。

这四个步骤完成后，就进入了最后的评估环节。如果评估环节没有发现问题，那就按照前面的规划执行；如果有问题，就需要重新规划，通过图 4-5 中的红色箭头返回第一步，重新走一遍流程，来优化细节。

所以，协调者的角色并不易做。他并不仅仅要管人、带团队，还需要深入参与各个环节的工作，给团队全方位的支持，从“领导式管理”向“浸入式管理”转型。

摒弃“只向上级汇报”的过时思路

不管是民企还是外企，都有相应的组织架构，也都有工作汇报路线（report routine）。比如，业务员向业务经理汇报工作，业务经理向业务总监汇报工作，业务总监向副总经理汇报工作，副总经理向更高一级的领导汇报工作……

在过去的思维里，经理人只需要“对上负责”。因为经理人的职位、收入、权力都是上级给予的，所以只介意上级对自己的看法和评价，下属的态度对他来说是无所谓的，他根本不放在心上。

如今的时代变了，情况也变了，企业的上下级之间，已经不像过去那样泾渭分明、壁垒森严，而更加强调和谐与合作。经理人既需要带领团队，也需要深度参与工作，要完全了解下属的工作经验，也要做好统计和规划，向上级汇报。这个时代对经理人的要求越来越高了。

在过去，上级让我当领导，我就是领导，如今，这一套已经不管用了。领导需要有业绩，需要有绩效，需要有实际的成果，需要有管理能力和协调能力，还要有处理问题和应对危机的能力。这些，如果没有团队的支持，没有下属的拥护，是绝对不可能做好的。

第三节
“堵”不如“疏”

看到这一节的标题，相信很多朋友会大致猜到我会写哪些内容。

涉及“堵”，涉及“疏”，很有可能就要谈到员工跳槽的问题、飞单的问题、反目成仇的问题等。

没错，这就是这一节我要向管理者和经理人介绍的内容。

区分“天灾”与“人祸”

首先，公司碰到问题，比如客户丢了，比如订单搞砸了，经理人要第一时间弄清楚原因，知晓问题所在，只有这样，后期才知道如何去应对，如何去修正现有的漏洞。我们先看一张图：

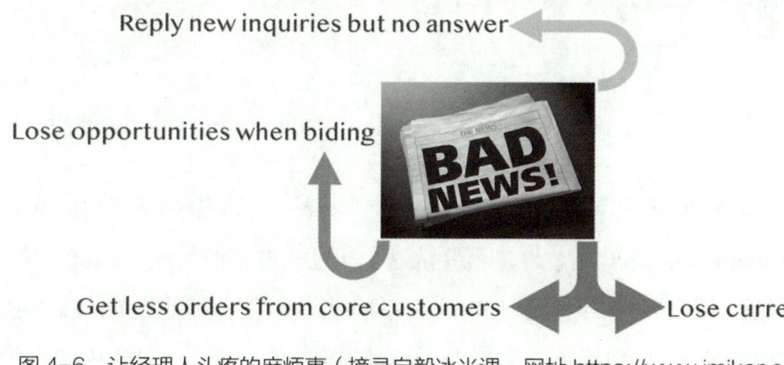

图 4-6　让经理人头疼的麻烦事（摘录自毅冰米课，网址 https://www.imiker.com，毅冰制图）

图 4-6 中列出的那几个问题，相信是每个经理人都觉得头疼的。

比如，回复新询盘但是石沉大海（Reply new inquiries but no answer）。

比如，在投标项目中出局（Lose opportunities when biding）。

比如，公司核心客户的订单越来越少（Get less orders from core customers）。

比如，失去现有的客户（Lose current customers）。

这些问题，相信每个公司，每个经理人都会碰到，都会经历。最重要的是要找到这些问题出现的原因，才能对症下药，有针对性地去解决。要能够区分这些问题是意外还是人为造成的，也就是要弄清楚，它们属于“天灾”，还是“人祸”。

图 4-7　意外？还是人为？（摘录自毅冰米课，网址 https://www.imiker.com，毅冰制图）

如图 4-7，如果原因是市场变化（Market Change），或者竞争对手抢单（Aggressive Competitor），那就是意外，就要从这个角度去调整产品线、调整价格。

如果原因是客户有更好的供应商（Better Supplier），或者客户倒闭（Customer's Bankruptcy），那同样是意外因素，需要找新的优势和增长点，需要做好风控与寻找新客户。

可如果原因是不够专业（Not Professional）或者跟进水平糟糕（Bad Follow-up），那就属于人为因素的范畴了，就需要经理人去重新审视员工的工作技巧和应对策略，在有必要的时候加强培训。

最坏的结果是第三点：拿着公司的薪水，却暗中帮助别人损害公司利益（Live on us but helping others secretly）。不管是自己飞单，还是暗中帮助同行，都属于我们所谓的“吃里扒外”。

经理人只有深入团队中去，了解具体项目的运行情况，知道问题出在哪里，调查出真正原因，才能有针对性地去一个一个解决问题，去调整管理思路以及应对策略。

防止飞单的策略

令大家十分头疼又心照不宣的一个问题是：员工私底下飞单。

什么是飞单呢？简单解释一下，就是业务员明明在 A 公司上班，照理说应该帮 A 公司开发客户和接单，但是却违背职业道德，利用 A 公司的资源和平台接触和开发客户，然后以自己私人的名义或者朋友公司的名义，也就是以 B 公司的名义接单。

严格意义上来说，飞单这种行为是违法的，属于商业犯罪。也有不少公司，因为发现员工飞单，跟员工打官司，对方最终被定罪甚至坐牢。这类案例，相信很多外贸朋友都经历过，至少听说过。

这里我无意去评价对错，或者阐述道德层面的问题，我只想简单地就防止员工飞单，谈谈我的思路（如图 4-8）。

第一步，NDA，也就是保密协议（Non-disclosure Agreement）。企业需要跟员工签订相应的保密协议，甚至同业禁止协议。当然，这需要额外付出一些成本，但是对于公司的订单机密和客户机密而言，还是必要的。

第二步，不能随意调整游戏规则（Game Rules）。这里所谓的“游戏规则”，就是奖金和提成制度。业务员有时候情愿冒险飞单，往往也是因为形

图 4-8　防止员工飞单的三大方法（摘录自毅冰米课，网址 https://www.imiker.com，毅冰制图）

势所迫，比如，老板不讲诚信，不遵守协议，答应的提成不兑现，或者随意更改提成比例，导致当初的承诺大打折扣，那业务员奋起反击，就不难理解了。我们要从根本上去解决问题，就要在一开始，把游戏规则设置好，然后一五一十地去执行。提成该是多少，就是多少。千万不要接单前答应得好好的，等到结算提成的时候，随便以订单不赚钱、公司亏本之类的拙劣借口克扣业务员的提成，变相逼迫别人离职或者飞单，让员工“身在曹营心在汉”。

第三步，随机测试（Test at random）。怎么理解呢？我们可以假设一种情况：业务员今天收到一个“询盘”，有产品、有细节、有图片、有参数、有数量、有要求，看起来是非常对口的一个询盘。这个询盘是只发给这个业务员一个人的，也就是这个世界上，不会有第二个供应商收到这个询盘。所以，如果有其他的邮箱、有人以其他公司的名义回复了这个询盘，经理人就应该知道是怎么一回事了吧？

这三个步骤需要同时进行。一方面，经理人身要正，要说话算话，要严格执行游戏规则，履行对员工的承诺；另一方面，在签订保密协议，防君子的同时，也要随机测试，防小人。

三管齐下，三箭齐发，把风险控制尽可能做到最佳。

合作比对抗更好

再谈谈合作和对抗的问题。

我想跟众多经理人说的一个问题是，对抗的结果往往是两败俱伤，哪怕最终赢了，也是“伤敌一千，自损八百”的惨胜，没有太大意义。

案例 4-3

选择了最坏的结果

举个例子。一个业务员明明可以拿 3 万元的提成，但是公司要赖，以订单不赚钱，管理成本高，杂费支出大，规则修改为借口，把 3 万元降到了 1 万元。业务员能心甘情愿地接受吗？他或许忍受不了，对公司再也没有信任，选择离职，选择跳槽。

他如果跳了槽，或许就会反过来跟老东家竞争。他可能使用的一个重要的手段，就是拼价格。他知道老东家的成交价是 5 美元，去了新公司，他就用 4.8 美元给客户报价，去抢订单。客户会直接下单吗？一般不会，而是跟之前的公司讨价还价，要求更好的价格，否则他就转单。

老东家为了维护住客户，不让前业务员撬了公司的客户，就降价到 4.6 美元。这时，离职的业务员会怎么做呢？或许就豁出去不赚钱，用盈亏平衡点的 4.5 美元去报价。他心里想着，我就算这个订单不赚钱，我也要抢走你的客户，不给你便宜占，否则咽不下这口气。

老东家接下来会如何应对？或许会报个亏本的价格——4.4 美

元，最后终于稳住了客户，让客户继续下单。但是这个结果，往往只是争了一口气，却亏损着接下了订单。

所以，是不是明明不需要走到这一步，而双方却都选了一个最坏的结果？业务员给公司打工，在赚取提成的同时，帮公司稳定客户，让公司赚取更大的利益，这本来是双赢的局面。但是很可惜，因为某些原因，双方开始对立、斗争。可能真的是公司赚得少了，利润没有预期那么高，但这不是随便推翻承诺的理由。

答应员工的事情就要做到。这一单利润不高，下一单可以跟业务员商量，让对方了解公司的难处，调整提成比例和方案，这都是可以谈的。但是绝对不可以，别人辛辛苦苦做了那么多工作，拿下了订单，付出了大量时间、精力去跟进，结果你却轻描淡写地修改了规则，那让别人情何以堪？最后双方从合作走向了对抗，让彼此都很受伤，客户却乐在其中，渔翁得利。

我之所以用那么多笔墨去叙述这个故事，是因为这种情况真的太多太多，连我自己也曾一次次地成为这种行为的受害者。我真心希望借此告诫经理人和老板，诚信比什么都重要。钱是可以赚的，但是诚信一旦丢了，很难重新赚回来。

因为眼前的一点利益，造成彼此间的对抗，进而产生更大的损失，才是最划不来的。合作才是王道，才是最能产生价值的地方。双方坐在一条船上，枪口一致对外，才是明智的选择。

“堵”不如“疏”说的就是这个道理。

>> 第四节

不让年终总结成为口号和拍马屁工具

作为经理人，大家可能都喜欢做的一件事，就是看数据、做总结。比如，看到上一季度的销售额比去年同期增长 30%，感到志得意满；看到业务团队做的年终报告，明年的订单金额预计会再增加 50%，感到无比兴奋。

可我想说的是，数据代表的是过去，不是将来；总结代表的也是过去，不是将来。所以，对将来的预期，有没有科学的根据才是报告的关键。如果业务团队交给我的报告是明年的订单金额预期增加 50%，那我就一定要认真看看报告里面的分析数据，有哪些支撑了这个数字。

如果某个美国客户签了独家协议，把销售额增加 3 倍，从今年的 45 万美元增加到明年的 135 万美元，而且各种赔偿条款都列得清清楚楚，那这就是一个合理的数字依据。

如果某个日本客户开发的新产品已经完成，模具全部做好，样品也制作完成，客户的预期订单是全年 30 万美元。业务员根据这个客户的采购量，推断新订单的金额可能在 20 万美元到 30 万美元，那以 20 万美元保守估计，我也可以接受。

如果某个南非贸易商拿下了当地一个大建材商的订单，今年已经连续下了 7 个订单，总金额超过 40 万美元，明年或铺货到南非全国，预期销售额起码是今年的 3~5 倍。按照最低标准的 3 倍保守估计，明年销售额预计也有

120万美元。那这个依据，当然也可以说服我。

……

所以我要看到的，在总结报告中显示的结论，都是需要背后的数据来支撑的。要有现行的数据，要有推论的理据，才能大胆预测，进行相应的估算。

年终总结的目的

我们首先要明确，为什么需要做年终总结？我们的目的是什么？仅仅是让员工喊喊口号，让大家开心一下？这显然是不够的。

若是认真来分析，年终总结应该有三个目的：

第一，真实汇报今年的业绩和工作情况，总结得失，归纳梳理需要注意的地方，以及如何在未来的工作中调整和避免。这一部分，可以采用列举法，通过具体经历的案例，来分析得失，总结经验。

第二，统计当年的销售额和利润率，甚至要量化到每个客户的销售额和利润率。如果是老客户，还需要跟上一年做同期对比，根据趋势来分析业绩情况，推断客户和产品的生命周期。这一部分，才是真正意义上的用数据说话。不仅要列出数据，还需要统计数据，利用数据来做出推断和计算，为第二年的业绩预期和工作方向奠定基础。

第三，计算开支部分，看看具体的业务费用和运营开支，究竟花在哪里，有没有哪些地方可以节省，预期的比例可能是多少，能为公司节约多少费用。这一部分，同样需要列举，把具体的开支做好基本分类，然后通过数据来计算在现有成本中的比例，再计算可以做减法的部分，推算未来或许可以节约的成本。

这样的总结才是有价值的，才不是喊喊口号那么简单。

90%的总结都是废纸一张

在我眼里，90%的年终总结都没有任何意义。说难听点，就是废纸一张。因为大多数的总结，无非包括两个方面：

第一块：拍拍公司和领导马屁

第二块：给明年的工作喊个响亮的口号

仅此而已，没有数据的对比，没有实质的内容，没有案例的总结。哪怕口号喊得再响亮，哪怕忠心表得再感人，哪怕目标定得再高远，有意义吗？

很多经理人特别喜欢听业务员们定业绩目标。比如，今年销售额 30 万美元，明年的预期目标是多少？这个业务员喊，冲 50 万美元；那个业务员喊，冲 100 万美元；另一名业务员喊，我们要几何级增长，至少要拼 300 万美元……

这是员工的问题吗？我认为不是。有目标是好事，有动力是好事，有勇气是好事，敢打敢拼才是好的业务员。但是归根结底，这是经理人的问题，是老板的问题。因为上级是什么样的人，下属才有可能做什么样的人。领导喜欢奉承拍马，员工自然曲意逢迎；领导本人好大喜功，员工自然不会忠言逆耳，只会选择报喜不报忧。所以问题其实出在经理人自己身上。

如果一个经理人，看的是实实在在的东西，是具体的案例和数据，不需要任何花团锦簇的官样文章，不喜欢巧言令色，那有这种行为的下属，要么被改造，要么被清除。

年终总结逐渐沦为形式，逐渐变成浪费时间的喊口号，作为经理人，自己是不是应该先反省？

更多需要思考的问题

作为经理人，更多的需要去思考的问题是自己能给公司带来什么，能改变什么。

面对一份年终总结，经理人同样需要从这个角度去思考，这个总结可以给公司带来什么，可以改变什么。如果什么意义都没有，那干脆废除就是了，或者向公司申请停止执行。

首先，要管理外贸部门，要带领业务团队，肯定需要特别关注业绩。公司花钱请人、投入在业务上，就是为了产出，以及未来看得见的收益。经理人需要思考的是如何把钱花在刀刃上，去赢得更多的机会和更多的订单，拿下更多的客户，从而争取更多的利润。

所有的行为都是为了这个目的而服务的。在年终总结中，经理人需要关注的自然是业绩的问题、数据的问题（如图 4–9）。

图 4-9　年终总结的目的和方向之一（摘录自毅冰米课，网址 https://www.imiker.com，毅冰制图）

其次，就是通过具体的运营成本的数据，根据总结报告中的实际情况，来研究和推敲节约成本的可行性。

比如，如何设置更合理的游戏规则并严格执行，通过赏罚分明来控制不必要的开支。

比如，如何优化管理结构，避免不必要的浪费，在人员和流程上尽可能地精简，减少管理过程中的额外成本损耗。

比如，如何提升效率，不仅包括工作效率，还包括管理效率。这些都是需要深度参与下属的具体工作，结合实际情况，来逐步调整的。

若是用图来分析，就是图 4-10 这个样子。

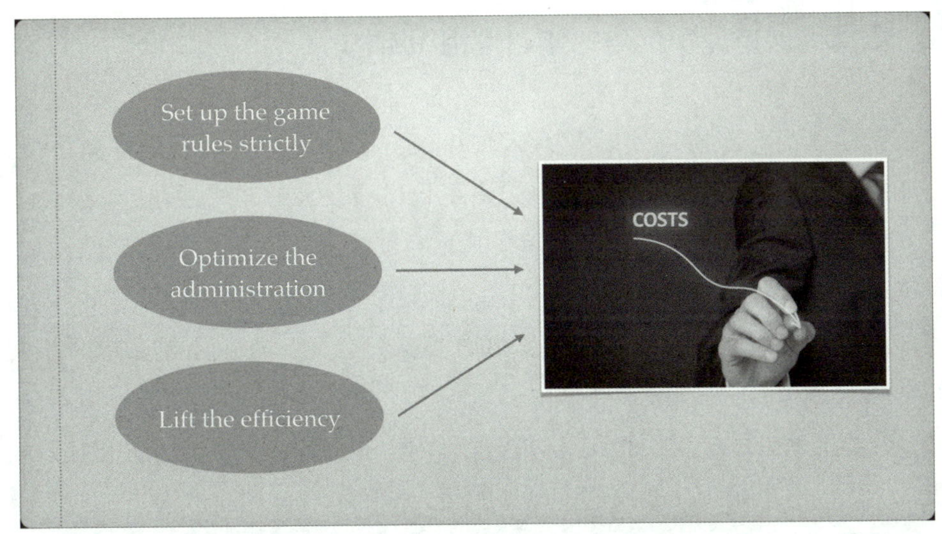

图 4-10 节约运营成本的三个方面（摘录自毅冰米课，网址 https://www.imiker.com，毅冰制图）

最后，就是要贯彻“兼听则明，偏听则暗”的理念，从实际情况出发，多调查、多总结、多比较，不听信一面之词，不被自己主观的判断和感觉所左右。

作为经理人，要清醒地认识到公司的现状、自身的现状、团队的现状、业绩的现状等，不盲目乐观，也不听任员工溜须拍马，一切从实际中来，从数据中来。所有的总结都需要数据和案例的统计，为将来的决策提供建议和指引方向。

只有做到这些，年终总结才是真正意义上的年终总结，才能对将来的工作有实质性的帮助，而不是废纸一张，不会沦为口号和工具。

MBA经典案例

麦肯锡保持竞争优势的学习型组织架构

赫赫有名的麦肯锡公司（McKinsey & Company，以下简称麦肯锡）是如今全球最大的战略咨询公司，是诸多500强企业的战略顾问。

麦肯锡成立于1926年，经营模式是帮助企业来完善管理和战略规划，以实现持久的经营业绩改善，并打造可以吸引人才的优秀组织架构。麦肯锡在全球75个国家和地区成立了100多家分公司，几乎占据了这个行业的半壁江山。

介绍这家公司成功经验和人才管理等内容的书和论文，市场上实在是太多。然而，这个如今在战略咨询领域的巨人般的存在，过去的发展却并不是一帆风顺的。跟其他公司一样，麦肯锡也需要面对强大的同行之间的竞争，需要面对内部发展的困境和挑战。

以内部问题为例，麦肯锡在20世纪70年代就已发现，尽管公司的人才储备充足，但大多数都属于“通才”，是很好的问题解决者，但并非某些行业的“专才”，并不能很好地回应客户的需求。所以公司决定，一方面，建设学习型组织架构，通过完善的学习机制，打造学习型的组织架构，来保持竞争优势；另一方面，引入具有行业背景的专业型人才，和现有人才团队相结合，组成复合型人才团队。

几十年来，麦肯锡一直坚持的核心价值，就是自己的人才团队是给公司创造长期价值的核心武器。需要通过学习型机制，来维护公司强大的知识储备基础，奠定公司在行业内细分领域的榜首地位，帮助客户解决问题，协助客户打造和调整战略架构。

核心价值看似简单，对于大多数企业而言，却很难维持。这就是麦肯锡能做到，其他大多数公司做不到的原因。

毅冰说

在外贸领域，哪个企业能长期保持学习型架构，来维持人才团队以打造核心竞争力？这不是公司买几本书，组织几场培训就可以解决的事情。从量变到质变需要一个过程，也需要企业从文化内涵开始，塑造这样的形象，并将其融入企业发展的灵魂和血脉中去。

据我所知，我国外贸行业里，真正算得上是打造学习型组织架构的公司，目前只有香港利丰集团一家。利丰集团除了拥有自己的利丰研究中心，招揽大量学者和行业精英，来制定相应的策略报告和数据分析外，还针对员工打造了LFUT——一个在线的，可以让所有员工随时学习，随时弥补工作中短板的内部学习网站。LFUT的内容包罗万象，涉及外贸工作的方方面面，可以给员工提供全方位的内部培训和自主学习空间。

时代在变，相信未来的外贸企业，一定会比现在更好、更强，也更重视学习的价值。

对于本章内容，你有哪些感触和想法？如何执行落地？

不要犹豫，把它们写下来吧！

第五章

核心管理与适度参与

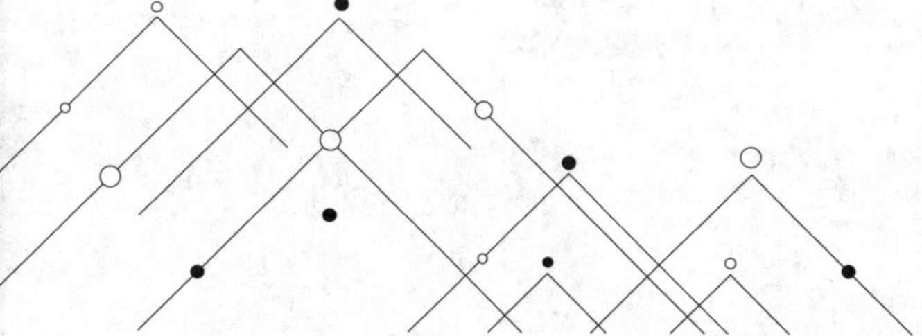

第一节
无影灯式管理的局限性

我第一次知道无影灯这个词，是通过渡边淳一的小说《无影灯》。在医学上，无影灯（Shadowless Lamp）主要应用于手术。医生给患者做手术时，需要看得非常清楚，顶灯要尽量消除光照产生的影子，同时还不能散发过多热量。这就是无影灯的由来。

在外贸行业，在具体管理团队的时候，我把某些经理人“事无巨细、亲自掌控”的管理方式，称为“无影灯式管理”。

管理并非要管住一切

我先从一个朋友的经历说起。

案例 5-1

掌控欲超强的老板

我有一个朋友叫 Mark（马克），他在一家贸易公司已经工作到了第 3 个年头，业绩不错，提成也还行。关键是，老板比较讲诚信，答应的事情基本都能做到，薪水和奖金的发放虽然也经常会拖拖拉拉，但是催促几次，基本也能给全。所以收入这块，他还算满意。

但是有一个问题是他完全无法接受的，甚至让他无数次的有辞职的冲动。那就是老板管得实在太细了，他根本没有自主空间，感觉像是监狱里的犯人。

比如，公司的电脑装有监控，往来的所有邮件，聊天工具里的所有记录，甚至看过什么网站通通都会在公司的服务器上备份，老板和老板娘随时都可能查询，Mark 觉得一点隐私都没有。

比如，公司的墙上也有监控，老板随时可以看到办公室里的一举一动，谁在聊天，谁在看新闻不工作，一切都看得一清二楚。

比如，老板要掌握员工跟客户往来的所有细节，除了邮件外，客户的来电内容也需要专门汇报。如果客户用 skype（一款即时通信软件）或者 whatsapp（用于智能手机之间通信的应用程序）之类的聊天工具与客户沟通了某些细节，也需要截图或者导出所有数据，上交给老板。

比如，客户来中国，有见面机会，老板一定会亲自去，不让业务员参与。去海外参展、拜访客户，都是老板夫妻俩一起去，业务员也是不能参与的。

所以哪怕 Mark 做得还不错，3 年下来，也实在受不了这种压抑的氛围以及老板的疑神疑鬼。在他看来，老板完全不信任他，什么事情都要过问，什么事情都要插手，对任何事情都不放心。

案例 5-2

两种可能性

曾经有一次，客户在跟 Mark 的老板见面时，夸奖 Mark 工作效率很高，此前问一个标签的事情，给 Mark 发了短信才想起，那时已经是中国时间的午夜了，可 Mark 还是第一时间给予了回复，这令他很满意。

没想到的是，老板当面没说什么，等客户走了以后，老板脸都绿了，对 Mark 大发雷霆，批评他没有严格执行公司规定，没有详细上报跟客户的沟通，严重违反了公司守则，需要扣除相应的奖金。哪怕 Mark 据理力争，老板也不为所动，这让 Mark 十分心寒。

我得知这些情况后，跟 Mark 分析了一下我的看法。

在我看来，这种情况的出现，只能说明两个原因。

第一，他的老板过去可能被欺骗或者伤害过，有被老员工飞单或者撬走客户的经历。所以，如今他就如惊弓之鸟，任何事情都要自己掌控，所有的沟通记录都要过目，心里才踏实。

第二，老板不希望业务员跟客户走太近。所以，有见面、去国外参展和拜访客户的机会，老板都自己去，不让业务员参与。很多情况下，他不是为了省那点差旅费，而是要在客户面前刷存在感，让客户知道，他才是老板，才是公司做主的那个人，很多核心的问题，业务员没法拿主意的问题，都要他来拍板。同时，他也借此加深了自己跟客户的私人交情，不让业务员有机会跟客户太热络。

这两个原因可能有其中一个，又或者两个都有，就出现了现在这样的情况。

后来，Mark 给我留言，赞叹我未卜先知。他老板的确曾经被老员工撬走过客户，所以现在只希望业务员充当跟单员的角色，重要的事情，包括跟客户的见面，他全自己来完成。我说的两个原因，算是都碰上了。

其实在现实工作中，这类老板有很多。有些人的确踩过坑，受过伤；但也有些人，是道听途说，听说身边有老板这么干，自己也学着这么干。

对于这类行为，说实话，我是部分反对的。

为什么是部分反对？而不是全部反对？因为这其中，有些顾虑的确有必要，但不是完全必要的。很多事情，点到为止就行，对工作的开展有帮助才是目的。

管理本身要有一个度。每个公司的情况可能不一样，但是管理绝对不可能没有限制，不可能事无巨细地去了解一切。这不现实，也严重耽误了经理人的时间，还会让员工非常不满，这并不是一个聪明的办法。

管理，需要抓住核心的东西，而不是无论大事、小事都去过问，这样反而会过犹不及。

外企的适度管理法

我想通过亲身经历来向大家谈谈外企究竟是如何处理这类情况的。

案例 5-3

外企的适度管理法

我要讲的是一件发生在 2010 年的事情。那时候我在我国香港地区工作，服务于一家美国公司的香港采购办事处。我记得，第一天入职的时候，我的直属上司就告诉我，跟供应商和客户之间的沟通，要“一切落于邮件”。这是为了便于查找，也是为了方便管理。

比如，一个项目跟客户谈了大半年，最终订单操作的时候可能出了一点小问题。客户说这个事情他不知情，可你确定这个事情得到过他的确认。那如何证明呢？如果平时的沟通和跟进一团混乱，有的时候用邮件，有的时候通电话，有的时候发短信，有的时候通过 skype 之类的聊天工具……那这个时候，你要找客户曾经确认过的一个细节，你怎么找？要到无数的邮件、短信和所有聊天工具里去找，非常麻烦，而且可能找不到。

所以，外企的标准作业流程的要求就是一切落于邮件。哪怕有些事情，客户比较着急，在电话里跟你直接进行了沟通，或者在聊天工具里给你留了言。之后，你也要立刻发一封正式的邮件给客户，把这些事情再复述一遍，请对方给予确认（approval）。

上司告诉我，公司里所有对内和对外的邮件，都会自动密送给我的上级，所以不要用公司邮箱处理任何私人事情。当然，他补充了一点，这不是为了监控大家，不是侵犯隐私，而是为了让大家明白，所有的工作往来都会借此让上司知道进展，哪怕员工请假或者离职，公司也拥有完整的资料，不会因为交接或者遗忘让资料丢失。

这就是外企的适度管理法，虽然也是一种监视，但是仅仅针对工作本身，不会侵犯员工的隐私。而且会事先告知大家，把一切做在明处，这样往往容易让员工理解和接受。

有些事情，不是说不能做，而是要有技巧性地去做，要思考怎样让员工心里不那么抵触，又不影响具体的工作。

再说，一切落于邮件本身就是外企的标准作业流程，便于部门与部门之间的协调，便于跨国公司的各个分公司之间的衔接。至于公司内部监控，不让员工参与核心的沟通谈判什么的并不存在，也不会有主管那么闲，什么事情都事无巨细地去参与，否则，哪还有时间去做自己该做的事？

巧妙采用“情境领导”模型

对于经理人而言，我个人比较提倡的是情境领导（Situational Leadership）。这个模型始创于20世纪70年代的美国，由时任诺瓦东南大学（Nova Southeastern University）教授的保罗·赫塞（Paul Hersey）与著名管理学大师、畅销书作家、肯·布兰查德公司创始人肯尼斯·布兰查德（Kenneth Blanchard）共同创立。

这个模型把“领导维度”设置成四个象限，根据员工的具体能力和公司的具体情况，来选择不同的管理模式。请看图5-1。

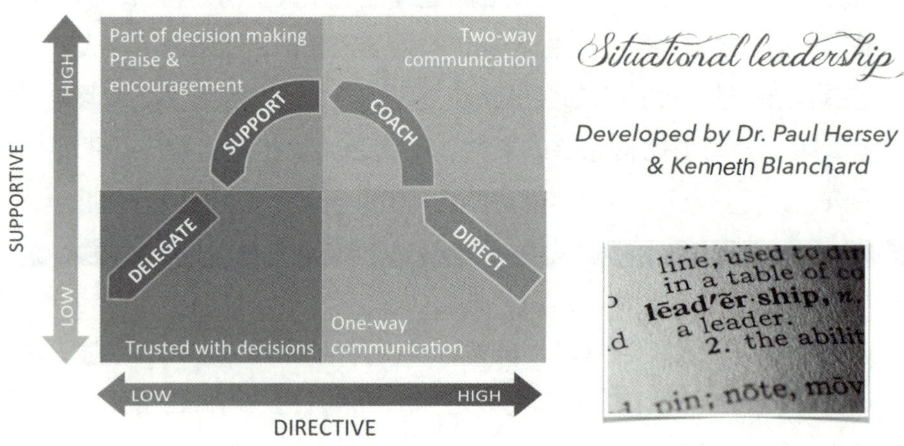

图5-1 情境领导模型（摘录自毅冰米课，网址https://www.imiker.com，毅冰制图）

横轴是Directive，表示经理人的“命令行为”，越往左，越往低（low）的那一端，表示命令越少；越往右，越往高（high）的那一端，表示命令越多。

纵轴是Supportive，表示经理人的“支持行为”，越往下，表示支持越少；越往上，表示支持越多。

根据经理人对员工“命令的多少”和“支持的多少”，可以具体量化成四个象限。下面，我们按照箭头方向一一进行分析。

首先，右下角第四象限的箭头里写的是Direct，表示“直接指挥”。根据横轴对应的“高命令”，纵轴对应的“低支持”，经理人直接对下属下命令，并且给予很少的支持，这种情况属于单向沟通（One-way communication），自然可以用“直接指挥”来表示。

其次，第二象限的箭头部分是Coach，表示“教练调整”。这个模块很有意思，因为它的横轴部分依然是“高命令”，但是纵轴变成了“高支持”。也就是说，经理人依然直接对下属下令，但是给予的支持力度变得很大，等于是给了下属一定的发挥空间，这就变成了双向沟通（Two-way communication），像教练和运动员那样，教练帮助运动员调整各方面的技能。

再次，第一象限的箭头部分变成了Support，表示“支持管理”。它的横轴属于“低命令”，表示经理人很少直接对下属下令，但是它的纵轴还在上方，属于“高支持”。在这个模块里，经理人不直接参与项目，但是对下属给予了很大支持，让下属放手去做。这就是“支持管理”型领导。

最后，左下角的第三象限的箭头部分是Delegate，表示“授权领导”。它的横轴部分是“低命令”，纵轴部分是“低支持”，经理人不直接参与下属的工作，也不给予太多支持，也就是经理人已经对下属高度信任，也高度放权，一切交给下属自己去处理。这就是“授权领导”型。

所以，对于经理人而言，采用情境领导模型往往能够更加清楚地认识到自身的情况，再结合公司的现状，就可以在一个合适的模块里，把管理做得更细致，更加符合下属的需求。

我还想补充一点，一个经理人不一定要局限在某一个模块里，可能需要同时在几个模块里自由切换。

比如，某个新员工刚入职，需要经理人直接给他安排工作，此时的管理就属于Direct模块——直接指挥。

比如，一个员工能力还行，具备一点经验，经理人在继续给他安排工作的同时，可以适当地给予他一点支持，此时的管理就转换到了Coach模块——教练调整。

比如，公司的老业务员，能力很强，但是市场嗅觉不够敏锐，需要经理人给予方向和方案方面的支持，但是不需要经理人过多地参与具体工作。针对这类员工，就可以用 Support 模块——支持管理来应对。

比如，公司的销售精英什么事情都可以自己搞定，完全独立自主，根本不用经理人操半点心，经理人做甩手掌柜即可。对于这类员工的管理，就可以直接采用 Delegate 模块——授权领导，放手让他做就是了。

第二节
“甩手掌柜”的幸福与纠结

在本章第一节，我们探讨了无影灯式管理的弊端，也引出了外企的适度管理法，以及我自己特别喜欢的情境管理模型。

相信很多经理人都很喜欢情境管理模型中的 Delegate 模块。这一模块下的下属能力超强，不需要公司的任何支持或者帮助，一切都能自己搞定，经理人只需要做“甩手掌柜”就行，自己什么都不用管、不用过问。

这是一个理想中的状态，的确很美好。但是大家想过没有，如果一个公司，员工都可以自主完成所有工作，不需要公司的任何支持，不需要经理的任何协助，那我说难听点，公司请你这个经理干吗？你还有存在的价值吗？

再说，员工如果真的在没有任何支持的情况下，自己可以搞定工厂，可以搞定客户，可以搞定各种杂事，那这个员工也有可能自立门户。一切工作照旧，但是他可以自己当老板，自己获取所有利润，不是吗？

所以“甩手掌柜”很多时候只是经理人的梦想——做梦的时候想想而已。在实际工作中，能做到“半甩手掌柜”，就已经相当不错了。

无为而治，重点在治

有些经理人，性格比较温和，也不喜欢过多地干涉下属的工作，往往只是指引一个方向，大致给出一个工作规划，然后让下属自己去发挥和执行。

在某种程度上，这也可以算是“无为而治”了。可无为而治绝对不是放手不管，什么事情都不做，而是要抓住“治”这个关键点。

“治”可以是“放权”，也可以是“收权”。比如，对于能力超强的业务员，在放权的同时也需要适当地收权，这才是真正的“平衡之道”。这不是不信任下属，而是必要的制衡。

在我看来，员工哪怕能力再强，可以掌控一切，经理人还是有必要做适当的管理，一些核心的事项要只有自己才可以拍板。这对于客户而言，也是一种隐藏的存在感。

案例 5-4

打造团队背后的存在感

业务员能力强、业绩好，很多事情可以自己做主，公司也不过多干涉一些小事情，这是对的。比如，给潜在客户准备免费样品，甚至免费快递给对方这种事情，老业务员基本上自己都有判断的标准，没有必要事事向公司请示。作为经理人，出于对老业务员的信任和对其工作业绩的认可，会对这些事情放权。

然而，有些事情是不可以轻易放权的。比如价格，比如付款方式，这些核心的东西，还是要自己掌控和做主的。在这里，还是需要引入外企的适度管理模式，引入“一切落于邮件”的标准作业流程。

假设公司付款方式的底线是 L/C 30 days（30 天远期信用证）和 O/A 30 days（30 天远期付款），如果客户是大买家，付款方式至少也要做到账期 45 天。这种情况，业务员就需要通过邮件向经理提出书面申请，并抄送客户。经理如果同意，就可以直接回复业务员的邮件，比如“Approved！”，表示“同意”，同时抄送客户。

邮件不需要过多废话，简单有力，保持上位者的姿态，在签名栏留下姓名和职位就够了。

客户一看，原来这个人才是这个公司拍板的那个人。这就巧妙地通过谈判过程中的拍板，在客户那里刷了存在感。

又比如价格，可能公司给业务员的底价是含退税要保持 10% 的利润，如果低于这个利润，需要请经理特批，那就可以继续采用上面的方法。

这种手段的好处是不过多参与具体的项目，放手让业务员去做事，给予业务员最大限度的配合跟支持。经理人只需要抓住核心问题的决定权，时刻知道每个项目的进展，随时可以参与进来就足够了。

适当放手，试错总结

员工要成长，就需要有一定的经历，也需要碰一些钉子。在这个阶段，我们并不建议揠苗助长，也不建议事事由经理人掌控，让员工变成一个“传声筒”，那员工永远都不会进步，他对公司的贡献值，也不会有什么提高。

所以有些事情，就需要让他们自己去尝试，让他们独立完成一些工作。在可控的范围内，偶尔犯点错，他们反而能够从错误中总结教训，来避免将来在同一个地方摔两回。

那具体如何执行呢？

我的建议是，以结果为导向，计算试错的成本，反推这个项目是否可以适当放手。举个例子，有个巴西客户下了一个小单，1 000 美元，客户同意支付 30% 的定金。在这种情况下，最坏的情况，哪怕订单彻底搞砸，也赔不了多少钱，损失完全可控，经理人甚至随时可以插手收拾残局。这种项目就可以让新业务员去练练手，让他从实战中总结经验。

这就好比足球赛，教练往往会做好人员调整，会通过实战去训练新人，训练板凳球员。这样做一方面，是给主力球员休息的机会，不至于把他们的力量用到极致；另一方面，也是给新人和板凳球员锻炼的机会，多经历才能有更多的感觉，有更多的体会。

成长，往往就是从经历中、从一次次犯的错中来的。

邮件为骨，寻找自如

我前面已经提到过，为了管理的简单化，也为了保存和整理内容的方便，还为了随时查找过去资料的便捷，要“一切落于邮件”。这也是经理人，需要制定并严格执行的标准作业流程。

所有往来邮件自动抄送上级

这一点，需要从一开始就让员工明白，公司需要了解员工的具体工作情况，与客户的所有往来邮件都会通过系统抄送给上级。这也是为了工作上的便利。一旦有什么问题，上级可以随时介入，跟客户、供应商联络，而不至于在出现问题后，还什么事情都不知情。

建立科学的归档方式

在海量的邮件堆里，你是否能第一时间找到过去某个订单中的某个确认吊卡颜色的邮件？这对于大多数人而言很难。

如果你的收件箱里，只有三五百封邮件，或许还不算太难；可如果你在公司工作超过 10 年，你的收件箱里，各种历史邮件加起来，可能超过 3 万封，你能准确找到你要的邮件吗？

这就需要经理人制定标准作业流程，规定员工如何归纳收件箱里的邮件。这样，在需要的时候，就可以轻易定位到某一个区域，找到所有相关的邮件。

图 5–2 是我曾经的两个下属业务员整理的邮件归档方法，经常被我拿来

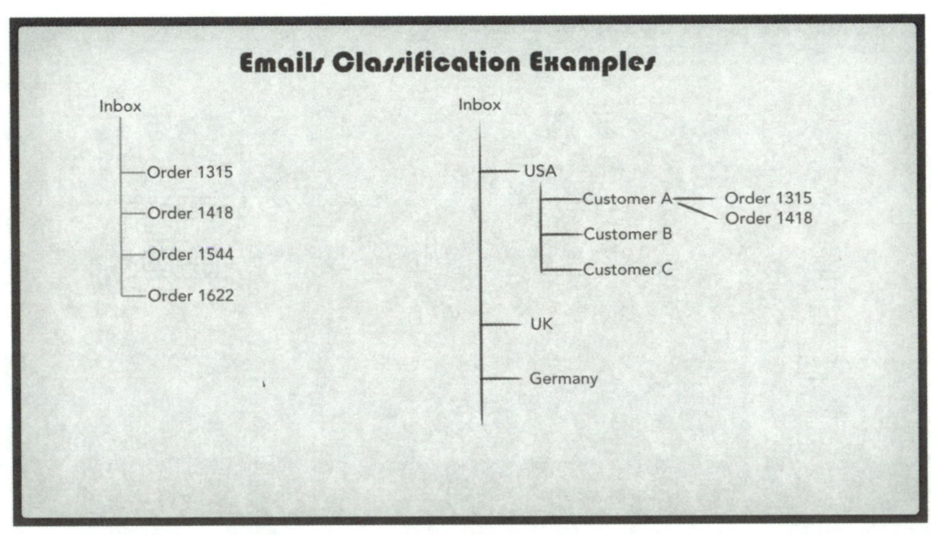

图 5-2 两个业务员的邮件归档方法（摘录自毅冰米课，网址 https://www.imiker.com，毅冰制图）

做对比。我们一一来分析。

先看左边这个归档方法。他将收件箱里的邮件按照订单号来分类，所有跟这个订单有关的邮件，全部拖进对应的文件夹里。这样做看起来很整齐，但实际上没有一点用。大家可以设想一下，某天我想找三年前的某个陶瓷杯订单的相关邮件，我怎么找？一个一个点开？所以，看到这种命名和归纳的方式，实在是让我气不打一处来。

再看右边这个归档方法。他设置了四级目录，的确很有进步，先按国家分类，然后按客户分类，再按订单号分类，基本上，在寻找邮件的时候，可以定位到具体的某一个范围内，已经算不错了。可我还是觉得不够，还可以做得更细致。

下面这张图（如图 5-3），是业务员被我批评后改进的方案，在四级目录的基础上，多增加了一级，把与订单相关的邮件，分成具体的领域。比如，跟采购合同（PO）和形式发票（PI）有关的邮件；跟设计稿（Artwork）有关的邮件；跟报价（Offer sheet）有关的邮件；跟验货（Inspection）有关的邮件，甚至验厂、测试和监装等相关的邮件；与样品（Sample）有关的邮件等。

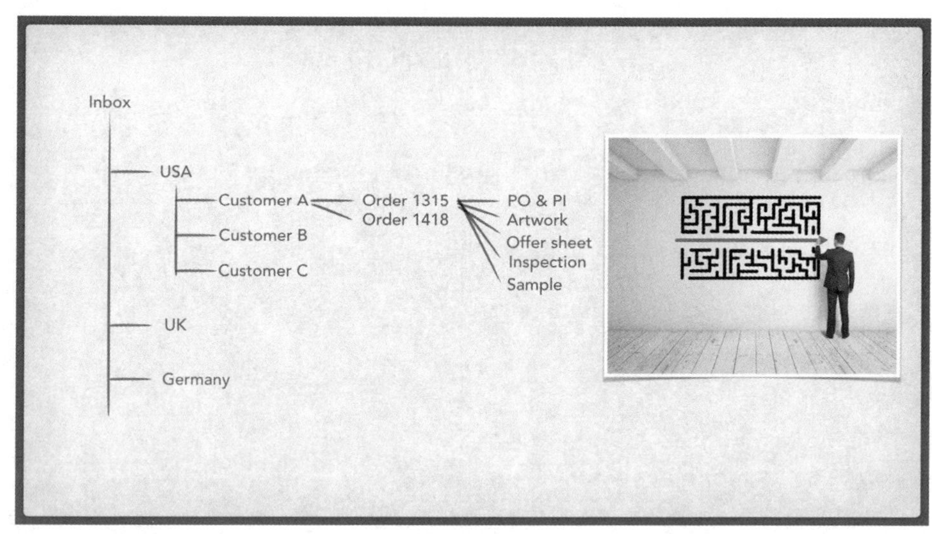

图 5-3　五级目录的邮件归档方法（摘录自毅冰米课，网址 https://www.imiker.com，毅冰制图）

这样一来，的确有了一些进步，更加方便寻找。可在我看来，还是不够。图 5-4 是我自己的归档方法，供大家对比参考。

我没有采用五级目录，还是用相对简单的四级目录来归档，但是在设置

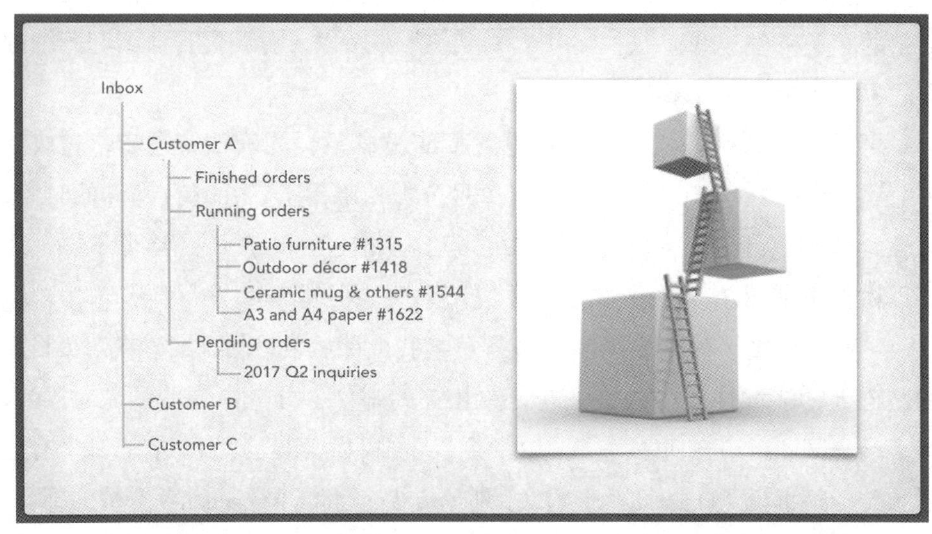

图 5-4　我的邮件归档方法（摘录自毅冰米课，网址 https://www.imiker.com，毅冰制图）

上，会有一点区别。在客户的下一级目录中，我不直接以订单号来归类，而是把订单分成已完成订单（Finished orders），进行中订单（Running orders）和未确认订单（Pending orders）三类。这样的话，如果一个项目谈了一段时间，但是没有最终下单，就可以全部移到“未确认订单”类别中，就不会占地方，也不会因为邮件太多，而耽误寻找需要的邮件的时间。

然后在已完成订单和未完成订单下面，我根据“订单号加具体内容”的方式设置了第四级目录。比如第 1315 号订单是户外家具（Patio furniture）；第 1418 号订单是户外装饰品（Outdoor décor）；第 1544 号订单是陶瓷杯和其他产品（Ceramic mug & others）等。这样一来，打开邮箱的时候，就可以一目了然。

后来我把这套归档方法在团队中执行了起来，的确让大家的工作效率大幅提升。哪怕有员工离职，需要交接工作，新接手的业务员也可以轻易通过归档好的邮件，来了解和学习过去的订单，查找有需要的信息，非常便捷。

设置便于查找的专业主题

除了上面两个步骤，我们还需要再多做一步，就是在跟客户的往来邮件里，设置便于查找的主题。这样做有两个好处：第一，让客户感受到你的专业；第二，不管是客户还是你自己，都可以通过关键词精准定位到要找的邮件。

这听起来有点玄乎，我们还是继续通过案例来分析。

许多客户的询价邮件都没有设置主题，主题的位置只写了一个简单的“询价”（inquiry）。业务员收到邮件后，针对具体内容进行回复，甚至发送报价单时，如果只是点击邮箱的“回复”键，那客户收到的邮件的主题就变成了“Re：inquiry”。这里的 Re，就是 Reply（回复）的意思，是回复邮件时，系统自动设置的主题。

这样是不够的。如果客户很忙，每天收到的邮件铺天盖地，他几个星期后，能否从一堆邮件里准确找到你的那封报价单？很难。而你自己，在很久以后，如果想起这件事，想再跟进一下客户，你能否从已发送邮件里找出这一封？同样不容易。原因就在于，主题没有做过专业的设置。

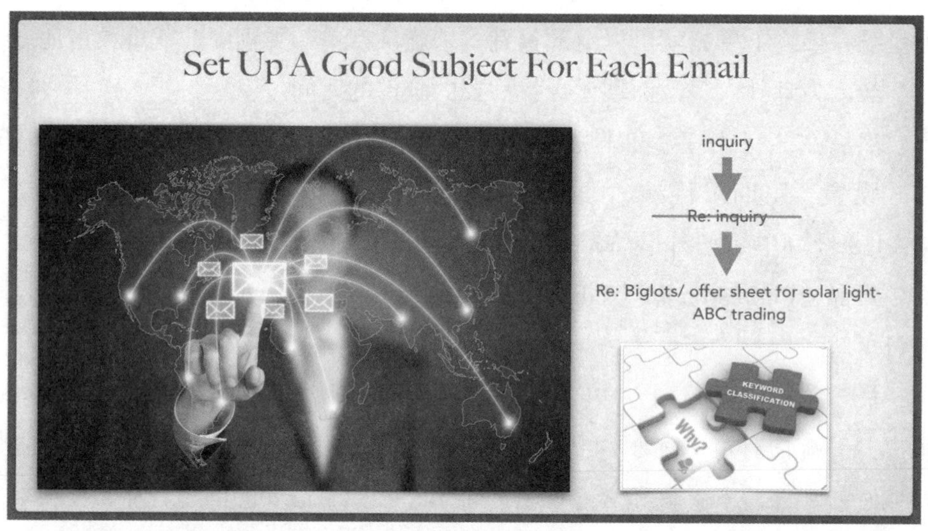

图 5-5　回复客户询价邮件时的主题更改（摘录自毅冰米课，网址 https://www.imiker.com，毅冰制图）

所以我在图 5-5 中划掉回复邮件时的默认主题，意思是这毫无意义。真正专业的设置是我在图中列举出来的："Re：Biglots/offer sheet for solar light–ABC trading"。

这样就可以通过主题的设置，让客户一眼看出这封邮件的内容和目的，也能知道发件人是谁。未来如果需要查找，或者归档，客户可以轻易通过主题来完成相关操作。

在这个主题中，"Biglots"是客户的公司名；"offer sheet for solar light"是邮件的内容，指关于太阳能灯的报价单；"ABC trading"是自己公司的名称。这样一来，自己如果某天要找这封邮件，只需要搜索"Biglots offer sheet"，就可以进行准确定位。

当然，这只是我研究的一个基本架构。除此之外，主题的设置需要根据具体场景和内容进行调整（如图 5-6）。

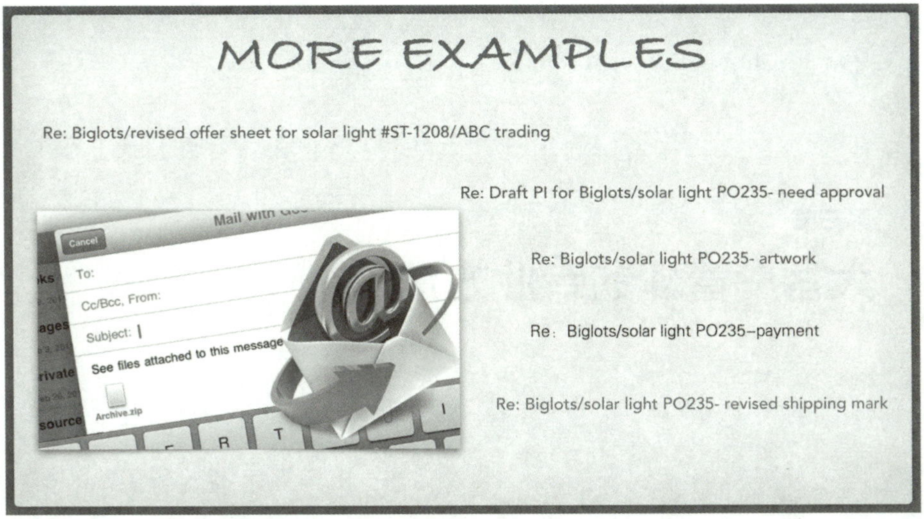

图 5-6 更多关于主题设置的案例（摘录自毅冰米课，网址 https://www.imiker.com，毅冰制图）

除了基本的主题设置规则，还需要根据邮件的内容来调整关键词。如果邮件涉及付款，就要添加订单号、添加产品、添加“payment”（付款）等关键词，便于寻找；如果涉及唛头，就需要加入“shipping mark”（唛头）……

所有的主题都是为了内容服务的，要让收件人以及经理人一看主题，就大致知道邮件里面写的是什么，也可以通过搜索，精确定位到自己要找的那一封或者几封邮件。

在这一节里，我用了相当大的篇幅，来分析邮件归档和管理的一些技巧，这样做是为了让经理人更多地执行标准作业流程，通过管理上的优化，来提高效率，提升整个团队的专业化程度。

只有做到上面讲的这几点，经理人在管理上花的时间才可以大大降低，平时工作会相对轻松一些，不至于每天都焦头烂额。虽然不一定要做一个彻底的甩手掌柜，但起码不需要每件事情亲力亲为，只需要适度参与，优化管理，让专业的人做专业的事，就可以了。

第三节
大客户管理的专业方法

这一节，我想谈一下跟大客户管理有关的内容。很多经理人对于大客户的开发、跟进和维护，会感到压力非常大。他们不敢把这些事情交给业务员去做，即使是基本的日常沟通也不行，生怕出问题，惹客户不快。可如果所有事情都自己来做，无形中会大大增加工作量，势必影响对团队的管理。

所以，在跟大客户打交道的时候，如何分权，如何让团队参与进来协助自己，就成了大难题。此外，公司现有的大客户，如何维护、如何管理，也是必须正视的问题。否则，就可能让公司伤筋动骨。

这个顾虑，在我看来是有必要的。很多供应商的确因为内部因素让客户不快，从而影响了接下来的合作。

不要让内部问题影响到客户体验

什么是内部问题？说白了，就是供应商内部部门与部门之间的问题，同事与同事之间的问题，上司与下属之间的问题。比如，你去网上买了一本书，发现里面有缺页，你会怎么做？可能会联系网店，要求退货或换货。网店的正确做法是单独对你服务，给你安排退货或者换货。这很容易理解，大家也都会觉得事情就应该这样办。

可如果网店的客服跟你说，抱歉，这是厂商的问题，是厂商印刷过程中出现的错误，你要联系厂商。然后你联系厂商，对方跟你说，抱歉，这个不归我管，你找我们发行部门沟通……

这种做法，你能满意吗？一定不能，相信以后你再也不会去这家网店买任何商品。因为极其糟糕的用户体验，让你十分崩溃，也非常恼火。你接下来会做的，可能就是再也不跟他们打交道。

我们说别人容易，自己做的时候往往还是会犯这类错误。下面这个案例，就是外贸工作中无比常见的“踢皮球”行为。

案例 5-5

供应商有意无意的“踢皮球”行为

我原来在外企采购办工作时，负责管理汽配和车载用品的采购和跟单团队。那时有一个供应商是生产空压机的，工厂在浙江余姚，是我们公司的主要供应商之一。

然而，当我跟进这个供应商的时候，发生了许多让我不快的事，主要问题我简单列了一下：

（1）我第一次写正式邮件联系他们的时候，告知了我们公司的内部架构调整，未来会由我来负责整个项目的采购。对方回复邮件时却强调，跟过去的采购负责人合作顺利，不希望我来接手，并且把这个邮件，抄送给了我们亚太区的副总裁。这个行为，让我觉得很不恰当。我不知道他们过去有没有什么猫腻，但是这样做很显然越界了，绝对会影响我接下来跟他们的合作。

（2）我在询问一款样品的某个参数时，业务员说，这个事情他不懂，要我直接联系他们老板。我把邮件转发到他们老板那里，抄送业务员，让他们彼此知情。结果老板回复邮件，说这个事情他也不明白，让我直接联系他们的技术人员。我只能回复邮件，“不好意思，麻烦你提供一下你们技术人员的联系方式”。他再一次回复的时候，才把技术人员的邮箱和电话发给我。于是我接下来，又单独给技术人员写了邮件，然后抄送他们两个。这就是“踢皮球”行为，缺乏“让问题到你为止”的精神，无形中给客户制造了大量的沟通成本。

（3）在我询问订单交货期时，又将上一条中的过程重复了一遍。业务员不确定，让我联系老板；老板说这个事情要找生产部门，让我联系生产部主管；生产部主管说这需要看公司的订单安排，又把球踢回给老板；老板又说，这件事本周五开会时要讨论一下，到时把生产计划排出来，再通知我。

……

从理论上讲，工厂有错吗？其实没有什么大错。不确定的事情，让我找相关人士去咨询，而不是随意忽悠我，或者编个理由糊弄过去，起码让我知道了问题所在。从某种程度上来说，还不算太糟。

但是从严格意义上看，这些问题其实都属于供应商的内部问题。供应商的部门与部门之间推来推去，让客户去做沟通和衔接的工作，显然是不合适的。这是典型的由于内部问题、内部因素，严重影响客户体验的情况。

引入外企 CW 模式

像案例 5-5 那样，我跟你这个业务员对接，你今天这个事情让我联系你经理，明天那个事情让我联系你总监，后天需要确认的事情让我联系你老板……这无疑是人为地给客户制造无数的沟通障碍。

在客户看来，这属于“踢皮球”，也属于打官腔，是让人无法忍受的。特别是大客户，很多事情，业务员往往都是没法做主的，只是起到传达和沟通的作用，如果这时候，让不同的同事跟客户直接对接，而客户这边也有多人参与，局面就会变得十分混乱。

我的建议是，模仿外企的管理流程，引入 CW 模式。这在国外被称为沟通窗口（Contact Window）。这就好比公司对外的一个服务和处理问题的窗口，它可能就是跟客户联系的那个业务员。这样一来，客户这边所有的问题，到业务员这里，都可以得到一次性的处理。我们可以通过图 5-7，来理解得更加清晰。

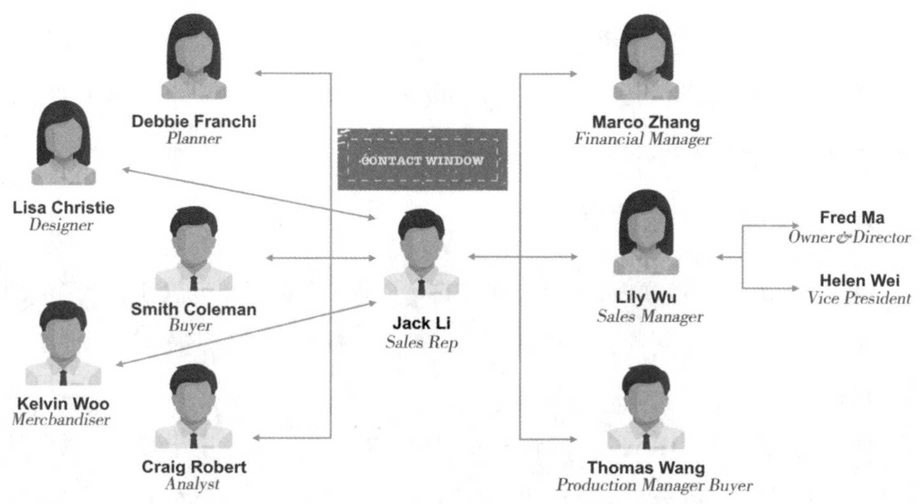

图 5-7　沟通窗口模式（毅冰制图）

很显然，业务员 Jack Li（杰克·李）就是一个沟通窗口。一方面，客户这边的买手（Buyer）、计划专员（Planner）、统计专员（Analyst）、设计师（Designer）和业务跟单员（Merchandiser），平时有问题都是直接找 Jack Li，反馈也都是由 Jack 直接回复客户公司的相关人士。

也就是说，作为公司对外的沟通窗口，Jack Li 这个角色履行了他的职责，让问题到他为止，客户只需要联系他，就可以得到相应的答复，极大便捷了客户的工作。

当然，Jack Li 只是一个小业务员，他不可能所有的事情都可以做主，他也需要完成内部沟通。比如业务上的事情，他需要向业务经理 Lily Wu（莉莉·吴）请示；财务和付款方面的问题，他需要和财务经理 Marco Zhang（马克·张）对接；生产和订单安排的事情，他需要和生产经理 Thomas Wang（托马斯·王）沟通。很多问题，还需要通过他们，再进一步向副总（Vice President）和老板（Owner）汇报。

这些内部的问题会在内部解决和消化，不会影响到客户。所以客户就会对这个供应商的沟通流程十分满意，觉得很顺畅，任何问题只需要写邮件给 Jack 就足够了。

大家可以看到图 5-7 中的箭头都是双向的，不管是从左到右，还是从右到左都是可以贯通的。唯一的一个居中负责的总联络人是业务员 Jack Li，也就是我所说的沟通窗口。

大客户管理的 CW 与 CT

对于大部分中小客户而言，沟通窗口（CW）模式已经足以应付大多数场合。这样的标准作业流程，从管理角度来看，可以有效提升效率，同时增加客户满意度。

可一些大客户（Heavy Customer），涉及的工作实在太过于复杂，所有的事项都要通过业务员一个人去对外沟通。业务员往往会力不从心，工作效率也会有所下降，反而可能引得客户不满。

案例 5-6

沟通窗口的力不从心

充当沟通窗口的员工的工作量达到一定限度，已经饱和或者严重超过负荷时，如果我们依然停留在这个模式下不求创新，往往会带来相反的效果。

我们还是假设业务员 Jack Li 是沟通窗口，但是这回他服务的客户是德国数一数二的零售买家，订单通过德国进口商直接下单，我国香港地区的代理商也参与其中。

某天早上，Jack 收到德国零售商买手的邮件，要求确认已经报价的 43 款产品的价格；收到德国零售商设计师的邮件，要求做水转印的表面处理；收到德国进口商买手的邮件，要求把第一个订单数量减少到 43 000 套；收到德国进口商副总的邮件，要求付款方式设置为 45 天远期信用证；收到我国香港地区代理商跟单经理的邮件，要求重新核算其中 6 款产品的价格，他认为之前的价格远高于同行；收到我国香港地区代理商产品专员的邮件，要求产品务必达到德国《食品、烟草制品、化妆品和其他日用品管理法》（LFGB）和欧盟《关于化学品注册、评估、授权和限制的法规》（REACH）的测试标准，下单后需要提供测试报告；收到我国香港地区代理商船务部门的邮件，提供了出运要求（shipping guideline）整整 92 页的英文要求；收到我国香港地区代理商老板的邮件，要求给他们预留 3% 的佣金空间……

哪怕 Jack 真的有三头六臂，也需要大量的时间一件一件地去处理，去内部沟通，去外部协调，然后逐一回复这些邮件。这样一来，效率势必要大打折扣。导致这个人觉得，Jack 怎么那么久不回复；那个人觉得，Jack 是不是不靠谱，效率那么低，这个供应商真烂。

低效率往往容易消磨掉客户的耐心。特别是大客户，它的相关工作人员都很忙，而且有太多的供应商挤破头皮想要跟它合作，你一旦效率低下，就会失去宝贵的合作机会。

你能说 Jack 不努力吗？当然不能。他其实很拼命，但是事情实在太多，远远超过了他的负荷能力。

你能说“沟通窗口”这个模式有问题吗？其实也不能。要是大家都“踢皮球”，情况反而会更糟。所以，在这种情况下，不是要放弃“沟通窗口”模式，而是要把这个模式从 CW 升级到 CT，也就是从“沟通窗口”升级成“沟通团队”。

对于大客户，一旦“沟通窗口”模式失灵，我们就要研究是否是因为超负荷运转导致了低效率。如果是，那就要及时升级，把沟通窗口转换为沟通团队。

放弃 CRM 的偷懒思维

开发大客户极其不易，维护大客户同样很难。因为这涉及很多的工作，涉及团队的管理和运营，涉及方方面面的协调，任何的失误都有可能出现问题，破坏大好局面。

在我的拙作《外贸高手客户成交技巧 2：揭秘买手思维》中，有一节专门讲的是“开发不易，守业更难”。其中，开发是 develop，守业可以理解为“维护”（maintain）。我们可以把这两个词做简单的拆解（如图 5-8）。

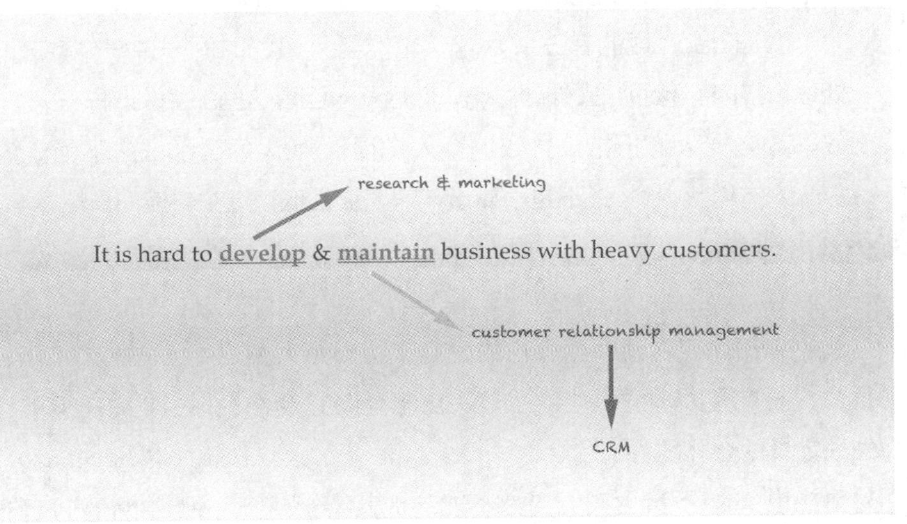

图 5-8 “开发”与“维护”的拆解（摘录自毅冰米课，网址 https://www.imiker.com，毅冰制图）

开发：我的理解是 Research & Marketing，就是“调研”和“营销”。调研是“兵马未动，情报先行”；营销是“谋定后动，全力出击”。

维护：我的理解是 Customer Relationship Management，就是“客户关系管理”，也就是我们常挂在嘴边的 CRM。

我相信，许多经理人都特别迷信所谓的客户管理软件。一听到客户管理、大客户维护，脑子里首先想到的就是买一套 CRM 软件。他们可能在国外上过 MBA，学的就是这么一套方法。

我想说的是，这些只是工具，是表面上看起来很美好的事情。软件也是要人来执行的。归根结底，团队的运营和管理才是关键。CRM 软件只能锦上添花，无法雪中送炭。

我们可以用一个思维导图（如图 5-9）来分析这个问题。

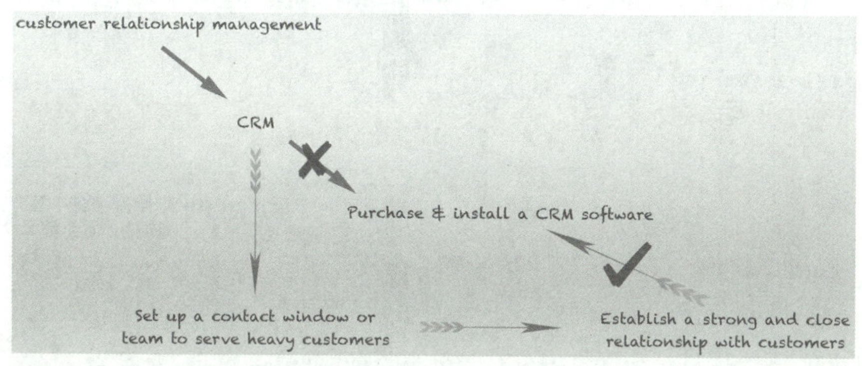

图 5-9　CRM 思维导图（摘录自毅冰米课，网址 https://www.imiker.com，毅冰制图）

我们首先应该摒弃的想法是直接把“客户关系管理”寄托于购买和安装 CRM 软件上。而应从沟通窗口和沟通团队下手，先设置好沟通窗口或沟通团队来服务大客户，跟客户建立起紧密且稳固的合作关系后，再去考虑安装 CRM 软件，提升管理效率，通过系统化作业来规范流程。

我们不能本末倒置，更不能舍本逐末，而要抓住重点，看清本质才行。

“流动性参与”的专业方法

我相信不少朋友看到这里会有疑惑，会觉得我一开始强调设置“沟通窗口”，让联系线路变简单；后来又强调建立“沟通团队”，这岂不是又变成了多人参与，情况还是一团糟。

其实不然，这里面是有学问的。只要一套专业的“流动性参与”方法，就可以解决这个问题。也就是说，哪怕碰到案例5-6中的情况，因为工作量严重超负荷，“沟通窗口”变得力不从心，已经无力高效解决客户相关问题，“沟通团队”的流动性参与也可以维护住过往的沟通和管理优势，而不至于让一切乱套。

要做到“流动性参与”也没那么复杂，用三个要素就可以把这套方法解释清楚（如图5-10）。

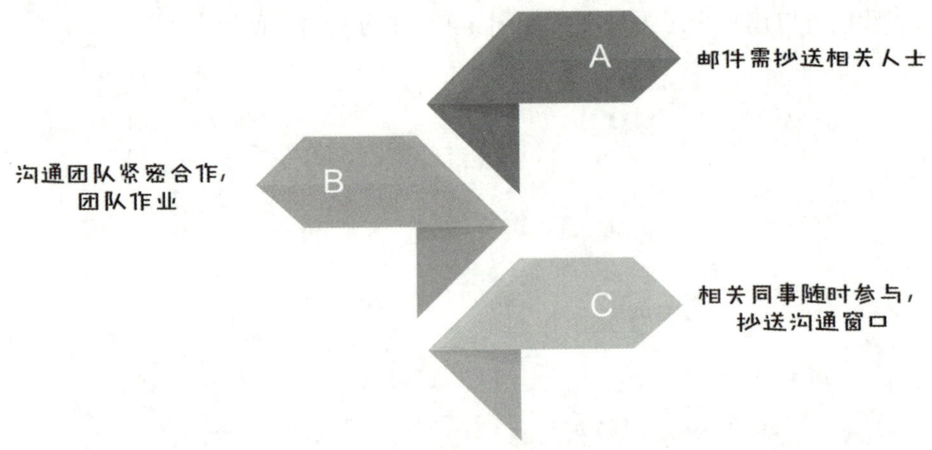

图5-10 流动性参与法的三大要素（毅冰制图）

首先，“沟通窗口”依然是一个人，但在跟客户往来的、所有内部交流的邮件，都需要抄送给“沟通团队”的每个人。

其次，“沟通团队”之间需要紧密合作、团队作业。比如客户公司的各种问题，都是整个团队通力解决的，并非凭借“沟通窗口”一人之力。

最后，相关同事随时参与，并将邮件全部抄送给“沟通窗口”，分清主次联系人，让客户依然可以通过“沟通窗口”那一个人，来对接整个团队。

我们可以通过一个案例，来大致分析这个思路。

案例 5-7

流动性参与的邮件案例

我们假设沟通窗口是业务员 Jack Li。他正给买手做报价单，跟设计师确认产品的包装，跟客户的中国香港代理商讨论产品的验货标准和摔箱测试等一大堆的工作，忙得不可开交。

这时，客户的副总 Mathias（马蒂亚斯）亲自写邮件过来，要求将付款方式设置为 45 天远期信用证。这个问题显然是 Jack 处理不了的，需要申请，还需要沟通，这中间的谈判过程会耽搁不少时间，一旦处理不好，就会让对方的高管不快，那就不妙了。

Jack的直属上司——业务经理Lily，也是“沟通团队”中的一员，就决定自己参与进来，跟客户对接。当然，沟通的过程都需要让 Jack 知情。否则就会造成业务员跟客户说付款方式实现不了；业务经理跟客户说付款方式可以实现的局面。这不就是自己人打自己人耳光吗？也会让客户一头雾水，觉得这个供应商内部问题重重，连对外的口径都不统一。

Lily 写给客户的邮件，是这样的：

From：Lily Wu（Sales Manager）

To：Mathias Schulze

Cc：Jack Li（Sales Rep）；Marco Zhang（Financial Manager）；Helen Wei（Vice President）

Dear Mathias，

Sorry for my jump-in ！ This is Lily Wu，Salas Manager of ABC

Trading.

Regarding the payment term, could you accept L/C at sight for this case? And we could go ahead with O/A 45 days when repeating orders.

Regards,

Lily

这是一个很典型的“流动性参与”邮件。正文第一句就点明“很抱歉我在这里插几句话”。这是为了告诉客户，我是谁，为什么我来回复这个邮件，而不是沟通窗口，避免让客户一头雾水。后面补充了一句“我是公司的业务经理”，等于告诉客户，这个事情我可以做主。

正文的第二段表明了立场，希望客户的这一单可以使用即期信用证付款。至于后续的返单，可以根据客户要求使用 45 天账期。这是适当给予客户让步，同时表明，这一单已经谈了很多，出于风控的原因，希望能够做成即期付款。

此外，要特别注意邮件的发件人、收件人和抄送方。发件人是 Lily 自己，收件人是客户 Mathias，抄送方包括了业务员 Jack Li，也就是沟通窗口；包括了财务经理 Marco Zhang；也包括了副总裁 Helen Wei（海伦·韦）。这是为了让团队中的每个人都了解谈判的进展。

这就是“流动性参与”，团队中的其他成员可以随时进入，随时退出，因为彼此间都知晓项目的进展，但是不影响谈判的主线。这样一来，既可以分担沟通窗口的压力，也可以借由沟通团队的其他成员，使沟通窗口获得背后的支持。

第四节
火候的重要性

我看过许多欧美国家的美食节目，包括前几年澳大利亚非常流行的一档美食综艺节目“厨艺大师”（Master Chef）。这档节目从新鲜、天然的食材，到精益求精的烹饪方式，到均衡的营养搭配，到优美精致的摆盘，到极具冲撞性的味觉体验，到创意灵巧的构思，无不让观众追捧，一路保持收视率第一的成绩。

中国的美食就更不用说了，从传统的八大菜系，到地方的江湖菜，再到市井的街头小吃，那是数不胜数。中国人烹饪美食的方法是世界上独一份的，这里面从文化到传承都有大学问。很少有西方厨师可以把中国菜做得无比符合中国人的口味。《舌尖上的中国》一季接着一季都是收视热点，可见国人对于美食的热爱程度。

管理的“火候”

有朋友认为，西餐靠的是“量化”，按照标准的流程、菜谱上的烹饪顺序一步步做下去，就能把一道菜做出来；中餐靠的是“火候”，炒多久，加多少油盐酱醋，什么时候加，考验的是经验，不是轻而易举可以完成的。

这种观点也对也不对。我认为，日常的西餐大多数可以量化，但往往也就是普通水准。要做得特别好吃，还是需要厨师的天分和用心，并根据经验不断调整和改良的。日常的中餐其实许多也是可以量化的，放多少油，炒多久，加多少佐料，也能按照标准流程基本把菜做出来，但要做得特别出色，就考验厨师的功底和经验了。能把普通的食材做成不普通的菜，才是水平。

我们可以由此提炼一个基本的公式：

出色的中餐／西餐＝食材＋基本操作流程＋厨师的经验＋创意＋火候

其他的东西都好理解，最难的就是火候的掌握。说白了，多一分不行，少一分也不行，全凭感觉，无法完全量化，也无法做成标准作业流程，只能随机应变。

在经理人对企业和团队的管理上，也有许多东西是没有办法做成标准作业流程，也没有办法执行绩效考核的。这些问题只能通过经理人个人的经验和能力来随机应变、灵活处理，来掌控管理上的“火候”。

比如，有的员工一天到晚发邮件，跟进老客户，开发新客户，很努力，但是效果甚微，经理人该如何管理？仅仅通过目标和数字来考核并不现实，只会让人为了标准去凑条件，这就失去了管理的意义。这就好比过去很多高校，以发论文的数量作为老师的评判标准，导致出现了很多低质量的、为了满足考核标准和要求而撰写的论文，这显然并不可取。这类无法量化的事项索性就不去量化，而改为采用多维度的考核标准。

比如，有的业务员服务于美国客户，因为时差的关系，经常回复邮件到凌晨一两点，很拼命，也给公司争取了不少订单。那针对这类业务员，如果还坚持执行早上9点上班，迟到一分钟就扣钱的考勤制度，显然就不合适了。那这类业务员怎么管理？肯定还是要量体裁衣，掌握好管理火候，灵活评判他的工作情况。

有无数的案例可以表明，管理是不可能没有死角的，也不存在一成不变的流程可以让团队一直运转。我们前面也提到过，无影灯式管理只能带来一大堆问题，无助于提高效率和解决麻烦。所以在标准作业流程的思维体系下，加入火候的掌控，才是一个经理人应采用的恰当管理方法。

不量化，但需要定方向

很多东西既然没有办法量化管理，是不是顺其自然比较好呢？

非也。无法量化很正常，可以根据实际情况灵活调整，但是大的方向和游戏规则，整体的思路框架，经理人还是要定下的。怎么理解？一篇命题作文，可能不同人会写出不同的样子，甚至不同的题材，有人写记叙文，有人写议论文，有人写短篇小说，有人写散文诗，都是可以的。出题人要做的是什么？当然就是出题，是设定框架，然后让答题人在大框架内自由发挥。

这就好比“跟客户谈判”这么一个话题，我们有办法去管理、去量化、去要求员工按照固定模式来执行吗？很难。因为每个业务员的情况不同，每个客户的情况也不同，无法事先设定好每个步骤，然后一步步执行下去。我们只能提供大的方向，提供技能培训，但是具体的沟通，还是要让业务员自己来完成，让其通过实践去锻炼和磨合，去随机应变。

我们只能告诉业务员，跟客户谈判需要按照3S原则——简短（Short）、简洁（Simple）和特别（Special），来调动客户兴趣，然后通过专业、服务、效率来进一步征服客户。这就是大的框架，是一种松散的管理。我们搭个台子，让不同的业务员根据自己的特点和能力去施展才华，去吸引不同的客户。

我们能告诉业务员不同的客户在想什么、在意什么、需要什么吗？不能，这同样没有办法量化。因为每个客户的情况不同，关注的点也不一样。有些人在意价格，有些人在意稳定，有些人在意专业，有些人在意诚信，有些人在意效率，有些人在意售后，有些人在意感觉，有些人在意库存……有些人在意其中的几项，有些人什么都在意。我们无法制定标准流程，来让业务员严格执行，去适应所有客户。我们同样只能设定方向，掌握管理火候。

我们能够告诉业务员的是，客户考虑的问题可以总结为三个方面：利润、特点、市场趋势。

利　润

很多人认为，客户在意价格。这没错，但是在价格背后，他在意的其实是自己的利润。根据你的报价，客户首先考虑的是，如果下单给你，他能维持多少利润；如果在你的报价基础上，他要维持50%的利润，能否适合市场；销售是否没有问题；能否把库存控制在一个较低水平上。

价格反映出的是客户对利润的考虑和衡量。便宜的东西不见得利润就好，因为零售价格或许也很便宜；贵的东西不见得利润就差，因为市场定位不同，零售价格或许高很多。

特　点

这指的是供应商的特点，也是业务员的特点，是给客户的印象和感觉。

客户会思考，为什么要下单给你，而不是你的竞争对手？你如何确保产品的品质？如何控制好售后服务？你说你的产品不错、服务不错，如何证明？你要拿出证据来证明自己不是口说无凭，要让客户觉得你是靠谱的。

比如，你有第三方的测试报告，能证明产品安全、材料环保，证明产品不存在各种危险因素。这就是有力的证据，可以佐证你所说的是真实有效的，你没有吹嘘，也没有撒谎。

市场趋势

客户要跟你合作，他首先就要确保安全，要确信合作会顺利进行，会有好的结果。供应商是否了解我的市场？是否了解我的竞争对手？是否了解我的行业和产品？这些问题都是客户在沟通过程中要了解和比较的。

如果你了解客户，或者了解他的竞争对手，或者与同类客户有过合作，这能证明你对他的产品和市场已经有基本的了解和认识；如果你和他的竞争对手合作过，说明你的产品完全可以满足当地市场的要求，也符合当地的市场趋势，那就可以减少客户与你磨合的时间，产品他拿来就能用。

这三大要素综合起来，做成一张简图，就是图 5–11 这个样子。

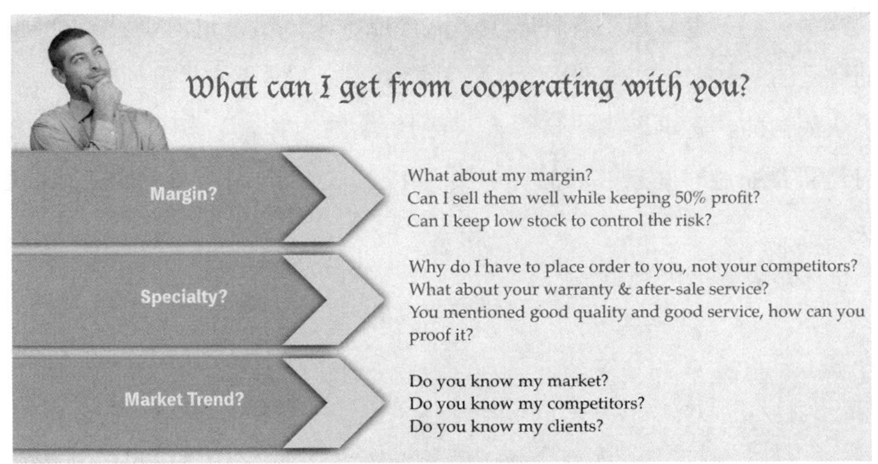

图 5–11 客户考虑合作的三大要素（摘录自毅冰米课，网址 https://www.imiker.com，毅冰制图）

这就是大致的方向，是经理人需要通过自己的经验和眼界传递给团队，给下属指引的思维路线。至于具体怎么做、如何执行，那就是业务员需要根据自身情况各自发挥的了。

以时间换空间

一个经理人，除了日常的本职工作外，管理的范畴大体可分为“管事”和“管人”。前者好理解，相当于“项目经理”的角色，深度参与到具体的工作中，给团队成员提供建议、纠正错误和设定方向。至于后者，在某种意义上，更像是“人才搭配师”，要懂得如何凝聚团队，让不同的人做不同的事，根据每个人的性格特点和优势，量体裁衣式地管理和搭配，这就相当有难度了。

所以我提出了“以时间换空间”的概念。希望经理人作为团队的管理者，先通过“管事”来了解团队成员们具体的工作，分析、观察、了解各个成员的能力和性格特点，然后因材施教、因材分配、因材管理，逐渐增加“管人”

的比重，让其超过“管事”部分的比重，解放自己的时间，这才能成为一个合格的经理人。

这个过程一定会遇到各种麻烦，需要成本来试错，也需要一定的时间来验证自己的一些想法和管理理念，看其能否完全落实下去。

从最初的“管事”多于“管人”，到后期的“管人”多于“管事”，这个空间是需要通过时间来换取的（如图 5-12）。这个时间，考验的就是管理的火候。

量体裁衣，适度调整。

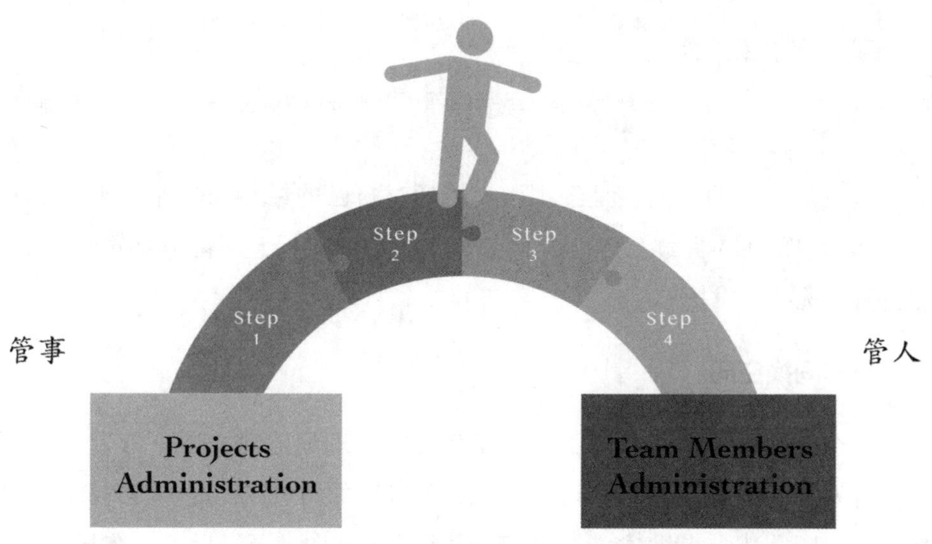

图 5-12 “管事”与“管人”的比重（毅冰制图）

第五节 欧美 MBA 模式难以在中国外贸企业落地

写到这里，其实已经到了本书的最后一节。我想再唠叨几句，谈谈我对欧美 MBA 模式的理解和我自己的一些想法。我相信大多数朋友通过全书的内容，差不多已经可以梳理出中国外贸企业管理的一些思路，这就足够了。

我们要了解 MBA 究竟是怎么一回事，是什么样的学科，破而后立，在实际工作中，去调整自己的管理思维，打造中国特色的 MBA 管理制度，来适应当前的外贸环境和团队运营。

欧美 MBA 的研究方向和局限性

欧美国家的主流商学院虽然对 MBA 课程的内容设置各有不同，但是整体的方向和课程架构还是大同小异的。尽管商学院的正统教学，会把一些问题和案例复杂化和学术化，但很多东西有其存在的道理。

大体而言，正统的 MBA 课程包含了十几门主要的学科，包括会计学、统计学、经济学、国际商法、经济史、市场营销、企业运营、战略分析、财务管理、组织行为、企业家精神等，外加一些选修的内容。

我不是说这些课程有问题，从系统化学习的角度来看，它们毫无问题，能让一个人得到全方位的培训。可问题在于，欧美企业的现状跟中国大量的外贸企业并没有重合之处，很多思维方式和管理方法是无法借鉴的。

另外，销售、谈判、调研等一系列跟外贸行业息息相关的重量级内容，在正统的 MBA 课程里，往往都是一笔带过。我曾经专门为此咨询过香港大学的相关人士，得到的答案是，这些内容往往更侧重于技巧和思维方式的训练，属于情商范畴，难以量化，并不是专业的、科学的学术研究，所以才游离于正统的课程架构之外。

在我看来，这就是目前国际主流商学院 MBA 课程的局限性所在。因为它们所有的学术研究、案例设置都是针对赫赫有名的世界 500 强企业，或者一些行业巨头的，对于大量的中小企业并没有太多的实用价值。

比如美国沃顿商学院、哈佛商学院的 MBA 课程，往往会用大篇幅来分析美国式的资产负债表，会研究现金流贴现（present value，PV）和内部收益率（internal rate of return，IRR），会学习累计平均模型（Cumulative Average Model）和通用—麦肯锡矩阵（GE-McKinsey Directional Policy Matrix）……这些内容的确可以丰富知识面，可以在学术研究的时候提供很完备的思维素材，可以帮助我们写出漂亮的论文，可以让我们在世界 500 强企业做管理层的时候拥有很多理论依据。

可我想说的是，对于大量的中国外贸企业，这些有多少可以直接落地？有多少可以拿来应用？我相信，这个比例是很少的。这是正统 MBA 课程内容和研究方向的局限性，也是为什么欧美名校毕业的 MBA 或许无法管理好一家中国小型贸易公司的原因。

很多外贸公司的“创一代”把子女送去欧美名校学 MBA，学成回来继承家业，却发现没有办法很快融合，很难把国外所学的东西拿到自己的家族企业落地执行、优化效率、提升业绩。这就是理论与实践的差距，以及中国外贸行业的特殊性。

中国外贸行业的特殊性

中国的外贸行业在全世界都是十分特殊的。在西方国家，商业类的公司叫business company，不存在什么内贸和外贸，无非就是做市场、做销售、做策划等，只分营销和销售，很少会出现专门针对海外市场的“外贸工厂”或“外贸公司”。

我国外贸行业的特殊性跟改革发展有关。通过人口红利和低成本来打造完善的供应链，成为世界工厂，彻底改变了中国的经济实力，各行各业都依靠制造业的高速发展而获利。尽管这些年来，我国外贸行业受制于国际经济形势的变化，也由于低成本模式的各种缺陷，正在往产业升级和高端制造业转型，但是这个过程是需要时间的。

当前的情况是，中国的外贸出口整体上还是以中小企业为主，依然是“大而不强”，哪怕有不少领域出现了闪光点，从整体上看还处于爬坡阶段。在这个阶段，大部分的外贸企业的职业经理人需要考虑的是如何凝聚团队、如何提高效率、如何开发客户、如何控制预算、如何做好风控、如何应对危机，以有限的资源尽可能地给公司争取扩张的机会，为将来在国际分工中占据更高的位置而努力。

所以，根据中国外贸企业的现状，有针对性地去制定相应的管理内容，让经理人把MBA的内容落地、本土化，针对实际情况活学活用，才是最重要，也是最迫切的。

量体裁衣的“中国式”管理

我不是说西方的内容一定不适合中国，只是很多东西必须改良，以适应我国现有的状况。这就好比学英文，我们也知道，美国孩子学英文肯定比我们要快很多，但我们为什么不直接引进美国的学前语言教材呢？不是不能，而是这些教材教授的方法没法完全落地。因为美国孩子的语言环境和思维方式、语言习惯，让他们可以很快学到教材上的内容。

中国孩子因为以汉语为母语，整体的思维方式和文化素养与美国孩子是完全不同的。这就意味着，美国那套学习语言的方式并不见得适合中国孩子。所以改良教材，因地制宜，研究一套更适合中国人的教学方法才更实际。

企业管理也是一样。MBA 的内容，欧美的确处在前沿，发达国家经历了那么久的商业文明，在这方面属于先行者。但是我们有“后来居上”这个词，有“青出于蓝”的文化基因，我也相信中国的外贸经理人们，能根据现有的情况，摸索出一套完全适合中国外贸人的管理方法。

量体裁衣的“中国式”管理，才是我辈需要努力探索的。

MBA经典案例

美国高盛集团的合伙人制度解析

在美国华尔街那些赫赫有名的投资银行里，很多人可能没有听过摩根士丹利，没有听过摩根大通，但是对于高盛，往往都有过耳闻。

高盛集团（Goldman Sachs）是华尔街众多金融企业里，从 1869 年至今都屹立不倒的超级巨头。如今国际上的大型投资、跨国企业之间的超级并购，背后往往都有高盛的影子。大家耳熟能详的阿里巴巴集团在美国上市时的主要承销商之一就是高盛。

从“二战”时期美国总统罗斯福任命高盛掌门人西德尼 · 温伯格为战时生产委员会助理主席开始，直到今天，大量的美国政府高官都出自高盛。小布什时期的财政部长亨利 · 保尔森，曾经是高盛集团的主席和首席执行官；克林顿时期的美国财政部长罗伯特 · 爱德华 · 鲁宾，曾经是高盛的联席董事长之一；奥巴马时期，美联储 12 个地区银行的行长中与高盛有关的有 4 人；特朗普时期，美国财政部长斯蒂芬 · 努钦、前首席策略师和高级顾问史蒂夫 · 班农，都曾是高盛集团的高管。

所以在某种意义上，高盛哪怕无法控制美国经济，也起码可以在一定程度上影响美国经济。

这样的一个公司，能 100 多年不倒，其内在的管理模式必然是值得研究的。其实坦白地说，高盛的模式也没有太多的特殊性，进入 MBA 课堂研究范酬的，无非就是它的“合伙人制度和激励机制”。在过去的 100 多年里，高盛的管理规则是：为了不让人才外流，对公司内部拔尖的、已经无法通过基本的薪酬制度来保持激励的人才，采取合伙人制度，将其吸纳为公司合伙人，让其分享收益和红利。

虽然业内人士都把高盛的合伙人制度称为“伪合伙人”制度，毕竟从 1998 年开始，高盛已经不再是过去的 limited partnership（有限合伙企业），而成了股份制企业。也就是说，赚了钱，交给股东；亏了钱，也由股东承担损失。所有的员工都是为股东打工的。

尽管如此，“合伙人制度”还是以某种形式保留了下来。简单总结一下，就是在基本的薪酬激励以外，另外拿出一部分钱用于奖励合伙人。这等于是两套奖励模式，普通员工从公司拿奖金；合伙人可以额外从小金库再拿一份奖金。

毅冰说

合伙人制度在我看来不是投行的专利，也不是大公司特有的模式。

在大多数的外贸企业，经理人一定会碰到能干的员工想跳槽、想自立门户的情况。在这种情况下，如果已经不能通过基本的薪酬激励来留住人才，为什么不考虑采用合伙人模式，让真正的人才成为公司合伙人，从而在某种程度上，完成他们创业的想法，但又和公司在一条船上呢？

我们还有一个思路，可以称为“内部创业”。比如，一个业务经理，自己带领团队，业绩已经占据了公司销售额的1/3，而且所有的开支都可以内部消化。在这种情况下，公司给他多少提成，或许都没有太大的激励，因为他们所有的开支都是自己通过订单填补的。一旦这个业务经理想带着团队创业，公司是很难阻挡的。

在这种情况下，既然没有办法打消对方创业的念头，那就可以考虑采用“内部创业”的模式，让一个事实上自负盈亏的团队在名义上扶正，变成一个真正意义上的公司，让其获得更多的收益和红利。原公司依然以母公司的名义给予它支持和配合，然后以持有部分股份的形式，或者交叉换股的模式，依然将对方与自己捆绑在一个利益方向上。

合作，永远都比竞争好。

对于本章内容，你有哪些感触和想法？如何执行落地？

不要犹豫，把它们写下来吧！

案例索引

第一章　思维悖论与现实难题

案例 1–1　老客户的沟通成本与新客户的获取成本

案例 1–2　三个部门经理的小算盘

案例 1–3　高薪也无法留住人的困惑

案例 1–4　婴儿推车的营销方案

案例 1–5　客服式的初阶业务员

案例 1–6　专业细腻的高阶业务员

案例 1–7　订单是这样谈丢的

案例 1–8　订单是这样谈成的

案例 1–9　肯德基的标准作业流程

案例 1–10　风控的平衡与折中点——糟糕的应对策略

案例 1–11　毅冰应对索赔的方法

第二章　薪酬体系与绩效考核

案例 2–1　难以用 KPI 量化的问题举例

案例 2–2　采购部门的 KPI 设置

案例 2–3　跟单员的 KPI 量化统计和案例模拟

第三章　团队架构与标准作业

第四章　角色转变与战略规划

第五章　核心管理与适度参与

总计：42 个案例

图表索引

第一章　思维悖论与现实难题

第二章　薪酬体系与绩效考核

第三章　团队架构与标准作业

第四章　角色转变与战略规划

第五章　核心管理与适度参与

总计：51 张图表

书目介绍

乐 贸 系 列

书名	作者	定价	书号	出版时间
国家出版基金项目				
1. “质”造全球:消费品出口质量管控指南	SGS 通标标准技术服务有限公司	80.00 元	978-7-5175-0289-0	2018 年 9 月第 1 版
跟着老外学外贸系列				
1. 优势成交:老外这样做销售	Abdelhak Benkerroum(阿道)	45.00 元	978-7-5175-0216-6	2017 年 10 月第 1 版
外贸 SOHO 系列				
1. 外贸 SOHO,你会做吗?	黄见华	30.00 元	978-7-5175-0141-1	2016 年 7 月第 1 版
跨境电商系列				
1. 外贸社交媒体营销新思维:向无效社交说 No	May(石少华)	55.00 元	978-7-5175-0270-8	2018 年 6 月第 1 版
2. 跨境电商多平台运营,你会做吗?	董振国 贾 卓	48.00 元	978-7-5175-0255-5	2018 年 1 月第 1 版
3. 跨境电商 3.0 时代——把握外贸转型时代风口	朱秋城(Mr. Harris)	55.00 元	978-7-5175-0140-4	2016 年 9 月第 1 版
4. 118 问玩转速卖通——跨境电商海外淘金全攻略	红 鱼	38.00 元	978-7-5175-0095-7	2016 年 1 月第 1 版
外贸职场高手系列				
1. 逆境生存:JAC 写给外贸企业的转型战略	JAC	55.00 元	978-7-5175-0315-6	2018 年 11 月第 1 版
2. 外贸大牛的营与销	丹 牛	48.00 元	978-7-5175-0304-0	2018 年 10 月第 1 版
3. 向外土司学外贸 1:业务可以这样做	外土司	55.00 元	978-7-5175-0248-7	2018 年 2 月第 1 版
4. 向外土司学外贸 2:营销可以这样做	外土司	55.00 元	978-7-5175-0247-0	2018 年 2 月第 1 版
5. 阴阳鱼给外贸新人的必修课	阴阳鱼	45.00 元	978-7-5175-0230-2	2017 年 11 月第 1 版
6. JAC 写给外贸公司老板的企管书	JAC	45.00 元	978-7-5175-0225-8	2017 年 10 月第 1 版
7. 外贸大牛的术与道	丹 牛	38.00 元	978-7-5175-0163-3	2016 年 10 月第 1 版
8. JAC 外贸谈判手记——JAC 和他的外贸故事	JAC	45.00 元	978-7-5175-0136-7	2016 年 8 月第 1 版
9. Mr. Hua 创业手记——从 0 到 1 的“华式”创业思维	华 超	45.00 元	978-7-5175-0089-6	2015 年 10 月第 1 版
10. 外贸会计上班记	谭 天	38.00 元	978-7-5175-0088-9	2015 年 10 月第 1 版

书名	作者	定价	书号	出版时间
11. JAC 外贸工具书——JAC和他的外贸故事	JAC	45.00 元	978-7-5175-0053-7	2015 年 7 月第 1 版
12. 外贸菜鸟成长记(0～3 岁)	何嘉美	35.00 元	978-7-5175-0070-4	2015 年 6 月第 1 版

外贸操作实务子系列

书名	作者	定价	书号	出版时间
1. 外贸高手客户成交技巧 2——揭秘买手思维	毅　冰	55.00 元	978-7-5175-0232-6	2018 年 1 月第 1 版
2. 外贸业务经理人手册(第三版)	陈文培	48.00 元	978-7-5175-0200-5	2017 年 6 月第 3 版
3. 外贸全流程攻略——进出口经理跟单手记(第二版)	温伟雄(马克老温)	38.00 元	978-7-5175-0197-8	2017 年 4 月第 2 版
4. 金牌外贸业务员找客户(第三版)——跨境电商时代开发客户的 9 种方法	张劲松	40.00 元	978-7-5175-0098-8	2016 年 1 月第 3 版
5. 实用外贸技巧助你轻松拿订单(第二版)	王陶(波锅涅)	30.00 元	978-7-5175-0072-8	2015 年 7 月第 2 版
6. 出口营销实战(第三版)	黄泰山	45.00 元	978-7-80165-932-3	2013 年 1 月第 3 版
7. 外贸实务疑难解惑 220 例	张浩清	38.00 元	978-7-80165-853-1	2012 年 1 月第 1 版
8. 外贸高手客户成交技巧	毅　冰	35.00 元	978-7-80165-841-8	2012 年 1 月第 1 版
9. 报检七日通	徐荣才　朱瑾瑜	22.00 元	978-7-80165-715-2	2010 年 8 月第 1 版
10. 外贸实用工具手册	本书编委会	32.00 元	978-7-80165-558-5	2009 年 1 月第 1 版
11. 快乐外贸七讲	朱芷萱	22.00 元	978-7-80165-373-4	2009 年 1 月第 1 版
12. 外贸七日通(最新修订版)	黄海涛(深海鱿鱼)	22.00 元	978-7-80165-397-0	2008 年 8 月第 3 版

出口风险管理子系列

书名	作者	定价	书号	出版时间
1. 轻松应对出口法律风险	韩宝庆	39.80 元	978-7-80165-822-7	2011 年 9 月第 1 版
2. 出口风险管理实务(第二版)	冯　斌	48.00 元	978-7-80165-725-1	2010 年 4 月第 2 版
3. 50 种出口风险防范	王新华　陈丹凤	35.00 元	978-7-80165-647-6	2009 年 8 月第 1 版

外贸单证操作子系列

书名	作者	定价	书号	出版时间
1. 跟单信用证一本通(第二版)	何源	48.00 元	978-7-5175-0249-4	2018 年 9 月第 2 版
2. 外贸单证经理的成长日记(第二版)	曹顺祥	40.00 元	978-7-5175-0130-5	2016 年 6 月第 2 版
3. 信用证审单有问有答 280 例	李一平　徐珺	37.00 元	978-7-80165-761-9	2010 年 8 月第 1 版
4. 外贸单证解惑 280 例	龚玉和　齐朝阳	38.00 元	978-7-80165-638-4	2009 年 7 月第 1 版
5. 信用证 6 小时教程	黄海涛(深海鱿鱼)	25.00 元	978-7-80165-624-7	2009 年 4 月第 2 版
6. 跟单高手教你做跟单	汪　德	32.00 元	978-7-80165-623-0	2009 年 4 月第 1 版

福步外贸高手子系列

书名	作者	定价	书号	出版时间
1. 外贸技巧与邮件实战(第二版)	刘　云	38.00 元	978-7-5175-0221-0	2017 年 8 月第 2 版
2. 外贸电邮营销实战——小小开发信　订单滚滚来(第二版)	薄如骢	45.00 元	978-7-5175-0126-8	2016 年 5 月第 2 版

书名	作者	定价	书号	出版时间
3. 巧用外贸邮件拿订单	刘　裕	45.00 元	978-7-80165-966-8	2013 年 8 月第 1 版

国际物流操作子系列

书名	作者	定价	书号	出版时间
1. 货代高手教你做货代——优秀货代笔记(第二版)	何银星	33.00 元	978-7-5175-0003-2	2014 年 2 月第 2 版
2. 国际物流操作风险防范——技巧·案例分析	孙家庆	32.00 元	978-7-80165-577-6	2009 年 4 月第 1 版

通关实务子系列

书名	作者	定价	书号	出版时间
1. 外贸企业轻松应对海关估价	熊　斌　赖　芸　王卫宁	35.00 元	978-7-80165-895-1	2012 年 9 月第 1 版
2. 报关实务一本通(第二版)	苏州工业园区海关	35.00 元	978-7-80165-889-0	2012 年 8 月第 2 版
3. 如何通过原产地证尽享关税优惠	南京出入境检验检疫局	50.00 元	978-7-80165-614-8	2009 年 4 月第 3 版

彻底搞懂子系列

书名	作者	定价	书号	出版时间
1. 彻底搞懂信用证(第三版)	王腾　曹红波	55.00 元	978-7-5175-0264-7	2018 年 5 月第 3 版
2. 彻底搞懂关税(第二版)	孙金彦	43.00 元	978-7-5175-0172-5	2017 年 1 月第 2 版
3. 彻底搞懂提单(第二版)	张敏　张鹏飞	38.00 元	978-7-5175-0164-0	2016 年 12 月第 2 版
4. 彻底搞懂中国自由贸易区优惠	刘德标　祖月	34.00 元	978-7-80165-762-6	2010 年 8 月第 1 版
5. 彻底搞懂贸易术语	陈　岩	33.00 元	978-7-80165-719-0	2010 年 2 月第 1 版
6. 彻底搞懂海运航线	唐丽敏	25.00 元	978-7-80165-644-5	2009 年 7 月第 1 版

外贸英语实战子系列

书名	作者	定价	书号	出版时间
1. 让外贸邮件说话——读懂客户心理的分析术	蔡泽民(Chris)	38.00 元	978-7-5175-0167-1	2016 年 12 月第 1 版
2. 十天搞定外贸函电	毅　冰	38.00 元	978-7-80165-898-2	2012 年 10 月第 1 版
3. 外贸高手的口语秘籍	李　凤	35.00 元	978-7-80165-838-8	2012 年 2 月第 1 版
4. 外贸英语函电实战	梁金水	25.00 元	978-7-80165-705-3	2010 年 1 月第 1 版
5. 外贸英语口语一本通	刘新法	29.00 元	978-7-80165-537-0	2008 年 8 月第 1 版

外贸谈判子系列

书名	作者	定价	书号	出版时间
1. 外贸英语谈判实战(第二版)	王慧　仲颖	38.00 元	978-7-5175-0111-4	2016 年 3 月第 2 版
2. 外贸谈判策略与技巧	赵立民	26.00 元	978-7-80165-645-2	2009 年 7 月第 1 版

国际商务往来子系列

书名	作者	定价	书号	出版时间
国际商务礼仪大讲堂	李嘉珊	26.00 元	978-7-80165-640-7	2009 年 12 月第 1 版

书名	作者	定价	书号	出版时间

贸易展会子系列

书名	作者	定价	书号	出版时间
外贸参展全攻略——如何有效参加 B2B 贸易商展(第三版)	钟景松	38.00 元	978-7-5175-0076-6	2015 年 8 月第 3 版

区域市场开发子系列

书名	作者	定价	书号	出版时间
中东市场开发实战	刘军　沈一强	28.00 元	978-7-80165-650-6	2009 年 9 月第 1 版

加工贸易操作子系列

书名	作者	定价	书号	出版时间
1. 加工贸易实务操作与技巧	熊　斌	35.00 元	978-7-80165-809-8	2011 年 4 月第 1 版
2. 加工贸易达人速成——操作案例与技巧	陈秋霞	28.00 元	978-7-80165-891-3	2012 年 7 月第 1 版

乐税子系列

书名	作者	定价	书号	出版时间
1. 外贸企业免抵退税实务——经验 · 技巧分享	徐玉树　罗玉芳	45.00 元	978-7-5175-0135-0	2016 年 6 月第 1 版
2. 外贸会计账务处理实务——经验 · 技巧分享	徐玉树	38.00 元	978-7-80165-958-3	2013 年 8 月第 1 版
3. 生产企业免抵退税实务——经验 · 技巧分享(第二版)	徐玉树	42.00 元	978-7-80165-936-1	2013 年 2 月第 2 版
4. 外贸企业出口退(免)税常见错误解析 100 例	周朝勇	49.80 元	978-7-80165-933-0	2013 年 2 月第 1 版
5. 生产企业出口退(免)税常见错误解析 115 例	周朝勇	49.80 元	978-7-80165-901-9	2013 年 1 月第 1 版
6. 外汇核销指南	陈文培等	22.00 元	978-7-80165-824-1	2011 年 8 月第 1 版
7. 外贸企业出口退税操作手册	中国出口退税咨询网	42.00 元	978-7-80165-818-0	2011 年 5 月第 1 版
8. 生产企业免抵退税从入门到精通	中国出口退税咨询网	98.00 元	978-7-80165-695-7	2010 年 1 月第 1 版
9. 出口涉税会计实务精要(《外贸会计实务精要》第二版)	龙博客工作室	32.00 元	978-7-80165-660-5	2009 年 9 月第 2 版

专业报告子系列

书名	作者	定价	书号	出版时间
1. 国际工程风险管理	张　燎	1980.00 元	978-7-80165-708-4	2010 年 1 月第 1 版
2. 涉外型企业海关事务风险管理报告	《涉外型企业海关事务风险管理报告》研究小组	1980.00 元	978-7-80165-666-7	2009 年 10 月第 1 版

外贸企业管理子系列

书名	作者	定价	书号	出版时间
1. 外贸经理人的 MBA	毅　冰	55.00 元	978-7-5175-0305-7	2018 年 10 月第 1 版
2. 小企业做大外贸的制胜法则——职业外贸经理人带队伍手记	胡伟锋	35.00 元	978-7-5175-0071-1	2015 年 7 月第 1 版
3. 小企业做大外贸的四项修炼	胡伟锋	26.00 元	978-7-80165-673-5	2010 年 1 月第 1 版

书名	作者	定价	书号	出版时间

国际贸易金融子系列

书名	作者	定价	书号	出版时间
1. 国际结算单证热点疑义相与析	天九湾贸易金融研究汇	55.00 元	978-7-5175-0292-0	2018 年 9 月第 1 版
2. 国际结算与贸易融资实务（第二版）	李华根	55.00 元	978-7-5175-0252-4	2018 年 3 月第 1 版
3. 信用证风险防范与纠纷处理技巧	李道金	45.00 元	978-7-5175-0079-7	2015 年 10 月第 1 版
4. 国际贸易金融服务全程通（第二版）	郭党怀 张丽君 张贝	43.00 元	978-7-80165-864-7	2012 年 1 月第 2 版
5. 国际结算与贸易融资实务	李华根	42.00 元	978-7-80165-847-0	2011 年 12 月第 1 版

毅冰谈外贸子系列

书名	作者	定价	书号	出版时间
毅冰私房英语书——七天秀出外贸口语	毅 冰	35.00 元	978-7-80165-965-1	2013 年 9 月第 1 版

“创新型”跨境电商实训教材

书名	作者	定价	书号	出版时间
跨境电子商务概论与实践	冯晓宁	48.00 元	978-7-5175-0313-2	2019 年 1 月第 1 版

“实用型”报关与国际货运专业教材

书名	作者	定价	书号	出版时间
1. 航空货运代理实务（第二版）	杨鹏强	55.00 元	978-7-5175-0336-1	2019 年 1 月第 2 版
2. 进出口商品归类实务（第三版）	林 青	48.00 元	978-7-5175-0251-7	2018 年 3 月第 3 版
3. e 时代报关实务	王 云	40.00 元	978-7-5175-0142-8	2016 年 6 月第 1 版
4. 供应链管理实务	张远昌	48.00 元	978-7-5175-0051-3	2015 年 4 月第 1 版
5. 电子口岸实务（第二版）	林青	35.00 元	978-7-5175-0027-8	2014 年 6 月第 2 版
6. 报检实务（第二版）	孔德民	38.00 元	978-7-80165-999-6	2014 年 3 月第 2 版
7. 现代关税实务（第二版）	李 齐	35.00 元	978-7-80165-862-3	2012 年 1 月第 2 版
8. 国际贸易单证实务（第二版）	丁行政	45.00 元	978-7-80165-855-5	2012 年 1 月第 2 版
9. 报关实务（第三版）	杨鹏强	45.00 元	978-7-80165-825-8	2011 年 9 月第 3 版
10. 海关概论（第二版）	王意家	36.00 元	978-7-80165-805-0	2011 年 4 月第 2 版
11. 国际集装箱班轮运输实务	林益松 郑海棠	43.00 元	978-7-80165-770-1	2010 年 9 月第 1 版
12. 国际货运代理操作实务	杨鹏强	45.00 元	978-7-80165-709-1	2010 年 1 月第 1 版

“精讲型”国际贸易核心课程教材

书名	作者	定价	书号	出版时间
1. 国际贸易实务精讲（第七版）	田运银	49.50 元	978-7-5175-0260-9	2018 年 4 月第 7 版

书名	作者	定价	书号	出版时间
2. 国际货运代理实务精讲(第二版)	杨占林 汤 兴 官敏发	48.00 元	978-7-5175-0147-3	2016 年 8 月第 2 版
3. 海关法教程(第三版)	刘达芳	45.00 元	978-7-5175-0113-8	2016 年 4 月第 3 版
4. 国际电子商务实务精讲(第二版)	冯晓宁	45.00 元	978-7-5175-0092-6	2016 年 3 月第 2 版
5. 国际贸易单证精讲(第四版)	田运银	45.00 元	978-7-5175-0058-2	2015 年 6 月第 4 版
6. 国际贸易操作实训精讲(第二版)	田运银 胡少甫 史 理 朱东红	48.00 元	978-7-5175-0052-0	2015 年 2 月第 2 版
7. 进出口商品归类实务精讲	倪淑如 倪 波 田运银	48.00 元	978-7-5175-0016-2	2014 年 7 月第 1 版
8. 外贸单证实训精讲	龚玉和 齐朝阳	42.00 元	978-7-80165-937-8	2013 年 4 月第 1 版
9. 外贸英语函电实务精讲	傅龙海	42.00 元	978-7-80165-935-4	2013 年 2 月第 1 版
10. 国际结算实务精讲	庄乐梅 李 菁	49.80 元	978-7-80165-929-3	2013 年 1 月第 1 版
11. 报关实务精讲	孔德民	48.00 元	978-7-80165-886-9	2012 年 6 月第 1 版
12. 国际商务谈判实务精讲	王 慧 唐力忻	26.00 元	978-7-80165-826-5	2011 年 9 月第 1 版
13. 国际会展实务精讲	王重和	38.00 元	978-7-80165-807-4	2011 年 5 月第 1 版
14. 国际贸易实务疑难解答	田运银	20.00 元	978-7-80165-718-3	2010 年 9 月第 1 版
15. 集装箱运输系统与操作实务精讲	田聿新 杨永志	38.00 元	978-7-80165-642-1	2009 年 7 月第 1 版

“实用型”国际贸易课程教材

书名	作者	定价	书号	出版时间
1. 外贸跟单实务(第二版)	罗 艳	48.00 元	978-7-5175-0338-5	2019 年 1 月第 2 版
2. 海关报关实务	倪淑如 倪 波	48.00 元	978-7-5175-0150-3	2016 年 9 月第 1 版
3. 国际金融实务	李 齐 唐晓林	48.00 元	978-7-5175-0134-3	2016 年 6 月第 1 版
4. 国际贸易实务	丁行政 罗艳	48.00 元	978-7-80165-962-0	2013 年 8 月第 1 版

电子商务大讲堂·外贸培训专用

书名	作者	定价	书号	出版时间
1. 外贸操作实务	本书编委会	30.00 元	978-7-80165-621-6	2009 年 5 月第 1 版
2. 网上外贸——如何高效获取订单	本书编委会	30.00 元	978-7-80165-620-9	2009 年 5 月第 1 版
3. 出口营销指南	本书编委会	30.00 元	978-7-80165-619-3	2009 年 5 月第 1 版
4. 外贸实战与技巧	本书编委会	30.00 元	978-7-80165-622-3	2009 年 5 月第 1 版

中小企业财会实务操作系列丛书

书名	作者	定价	书号	出版时间
1. 做顶尖成本会计应知应会 **150** 问(第二版)	张 胜	48.00 元	978-7-5175-0275-3	2018 年 6 月第 2 版
2. 小企业会计疑难解惑 **300** 例	刘华 刘方周	39.80 元	978-7-80165-845-6	2012 年 1 月第 1 版
3. 会计实务操作一本通	吴虹雁	35.00 元	978-7-80165-751-0	2010 年 8 月第 1 版

谨将本书献给所有支持我的人：我的妻子珍妮特，
我们的孩子埃文、玛德琳和史蒂文。

2018 年中国海关出版社乐贸系列

新书重磅推荐 >>

《外贸高手客户成交技巧 2：揭秘买手思维》

作者：毅　冰

定价：55.00 元

出版日期：2018 年 1 月

书号：978-7-5175-0232-6

只懂正向思考的工作方式，可能正是你错失客户的原因！

本书从买手视角破解了诸多外贸成交“陷阱”，让业务员换位思考，彻底了解买手的真实想法，突破思维局限，建立自己的“套路”，顺利成交。

关于作者

哈伯德先生的量化管理咨询生涯始于 1988 年，当时他任职于永道会计师事务所。他于 1999 年创立了哈伯德决策研究公司，并利用应用信息经济学（AIE）方法来处理错综复杂、高风险的决策。他将 AIE 应用于许多领域，包括网络安全、航空航天、生物技术、环境政策、商业地产、科技初创企业、娱乐和军事物流等领域。他的 AIE 方法论受到了高德纳、弗雷斯特等知名市场调研公司的一致好评。

他的一系列著作包括（所有书籍均在 2007 年至 2016 年间由约翰·威利父子出版公司出版）：

- 数据化决策：寻找商业无形资产的价值（商业数学史上最畅销的书籍之一）
- 风险管理的失败：失败的原因以及如何纠正
- 脉搏：利用网络流行语来追踪威胁与机遇的新科学
- 网络安全风险领域的数据化决策（与理查德·塞爱尔森合著）

哈伯德先生的著作被翻译成八种语言，销量超过 14 万册，还成为许多大学课程的教科书，包括研究生课程在内。他的两本著作荣登精算师协会备考的必读书目，也是唯一一位有不止一本书入选必读书目的作者。除了著书外，哈伯德先生还在《自然》《美国统计学家》《国际商用机器公司研究与开发杂志》、CIO 杂志等知名学术期刊上发表文章。